MEMÓRIAS DE UMA PROFESSORA

Joice Lamb

A vida escrita

A vida escrita: memórias de uma professora
© Joice Lamb, 2021

PRESIDÊNCIA **Mário Ghio Júnior**
DIREÇÃO DE OPERAÇÕES **Alvaro Claudino dos Santos Junior**
DIREÇÃO EDITORIAL **Daniela Lima Villela Segura**
GERÊNCIA EDITORIAL E DE NEGÓCIOS **Carolina Villari Tresolavy**
COORDENAÇÃO EDITORIAL **Laura Vecchioli**
EDIÇÃO **Juliana Muscovick**
PREPARAÇÃO DE TEXTO **Diogo Cardoso**
REVISÃO **Silvia Campos e Caroline Silva**
PROJETO GRÁFICO E DIAGRAMAÇÃO **Luciana Facchini**
FOTOS **Arquivo pessoal da autora e Renato Pizzutto (p. 1 e 150)**
ICONOGRAFIA **Fernanda Crevin (tratamento de imagens)**

Dados Internacionais de Catalogação na Publicação (CIP)

Lamb, Joice Maria, 1972-
A vida escrita : memórias de uma professora /
Joice Lamb. 1. ed. São Paulo: Ática, 2021.
152 p. (Coleção Delas)

ISBN 978-65-5739-004-7

1. Lamb, Joice Maria, 1972 – Memória autobiográfica
2. Professoras – Brasil – Memória autobiográfica
3. Coordenadoras pedagógicas – Brasil – Memória autobiográfica I. Título

21-5188   CDD 923.7

Angélica Ilacqua – Bibliotecária – CRB-8/7057

CL: 525635
CAE: 760504

2021
1ª edição
1ª tiragem
Impressão e acabamento: Log&Print Gráfica e Logística S.A.

editora ática

Direitos desta edição cedidos à Somos Sistemas de Ensino S.A.
Av. Paulista, 901, Bela Vista – São Paulo – SP – CEP 01310-200
Tel.: (0xx11) 4003-3061
Conheça o nosso portal de literatura Coletivo Leitor:
www.coletivoleitor.com.br

7	Introdução
9	I Dentro de mim
33	II Minha vida feito poesia
59	III Ensinar e aprender
95	IV Desafios e conquistas
115	V Pelo mundo
139	Linha do tempo

INTRODUÇÃO

Memórias de uma professora

A experiência de colocar nossas lembranças em palavras escritas não é um procedimento livre de incertezas, já que a vida passada, quando orientada por nossas memórias, vem filtrada pelo contexto da vida atual que a gente vive. Na impossibilidade de escrever a vida vivida, só posso escrever a vida lembrada.

Assim, inicio esta vida lembrada por onde *eu* começo.

Meu nome é Joice Maria Lamb. Nasci em Novo Hamburgo (RS) na tarde de 28 de janeiro de 1972. Sou filha de Armindo Rudi Lamb e Maria Julieta Lamb, ambos trabalhadores da indústria do calçado que partiram do interior do estado com suas famílias quando eram bem jovens. Tiveram três filhos: Vanderlei Lamb, que morreu ainda bebê, Valnei Jairo Lamb e eu.

Estudei em escolas públicas no Ensino Fundamental, período em que joguei handebol pelo time da escola. No Ensino Médio, fiz o curso de magistério numa escola católica por meio de uma bolsa de estudos. Com bolsa parcial, estudei Letras na Universidade do Vale do Rio dos Sinos (Unisinos – RS) e, tempos depois, fiz pós-graduação pela Escola de Gestores do MEC: Gestão Escolar e Coordenação Pedagógica.

Na década de 1990, viajei pelo Brasil e pelo mundo, muitas vezes acompanhada de minhas amigas Lanussi, Andrea, Cidônia e Miria, e outras vezes com Jan Lou, um grande parceiro. Em 1991, passei no concurso para professora no município de Novo Hamburgo, cargo que ocupo neste mesmo município até hoje.

Os anos seguintes não foram privados de outras alegrias. Em 2000, conheci Dennis e nossas vidas se uniram em turbilhão. Essa união nos presenteou com três filhos: Vinicius, Dylan e Tyler. Em 2012, fui trabalhar na EMEF Prof.ª Adolfina J. M. Diefenthäler, em Novo Hamburgo, na função de coordenadora pedagógica.

O ano de 2019 foi muito importante em minha trajetória, pois venci o Prêmio Educador Nota 10, premiação promovida pela Fundação Victor Civita e parceiros, e também fui eleita Educadora do Ano, por conta do projeto #aprenderecompartilhar – Escola Inovadora.

Os acontecimentos narrados neste livro não pertencem apenas a mim, mas também às pessoas com as quais eu os compartilhei. No entanto, as memórias narradas são só minhas. Posso contar apenas o que meus olhos viram e minha alma sentiu. A fidelidade aos fatos, então, fica submetida às minhas lembranças, aos meus sentimentos e ao tempo.

Sei também que as pessoas que compartilharam essa vida comigo têm suas versões para os mesmos momentos, versões que não posso acessar, mas que tenho muita alegria em saber que existem. Então, agora sei que existem três versões da minha vida que eu conheço: a vida vivida, a vida lembrada e a vida escrita, além de muitas outras versões entrelaçadas nas vidas de outras pessoas.

Vejam só: nenhuma dessas vidas é definitiva.

Dentro de mim

Quando a vida começa na gente

Perguntei para meu filho quando a vida começa na gente:
— Deve ser quando a gente tem a primeira lembrança — ele disse.
— Será que há um momento em que a vida começa na gente e um momento em que a vida começa para a gente? — continuei.
— Agora, tu tá sendo muito sofista, mãe.
— A vida começa na gente quando ainda somos células no ventre da mãe; mas a vida começa para a gente quando podemos nos lembrar dela.
Bem, você pode torturar as palavras até que elas digam o que você quer dizer.
Entendi duas coisas nesse dia.
A vida começa nas lembranças. Minha vida começou com as palavras.
Tenho muitas lembranças das conversas que tive comigo mesma. Muitas delas na infância. Eu não tinha amigos imaginários. Aqueles que eu criava para participar das minhas brincadeiras não eram amigos, eram apenas personagens, sempre dominados por mim. Eu não era uma menina com muitas amigas para brincar em casa, recebia uma de cada vez, dificilmente duas. Eu não era muito boa em administrar triângulos, porque acabavam sempre em desavença.
Eu adorava brincar de casinha. O pátio da minha casa era grande e eu tinha uma verdadeira "mansão" que ocupava todo o quintal

com linhas imaginárias muito bem traçadas. Cozinha, quarto, sala, varanda. Fazia arroz de samambaia, bolo de terra e tinha também vinho da água tingida das calças vermelhas da vizinha: tinto e *rosé*. As brincadeiras eram ótimas, mas, eventualmente, minha amiga da vez ia embora para casa e eu ficava sozinha.

Era nesse tempo que eu passava sozinha que minhas narrativas mais absurdas aconteciam. Capítulos e capítulos de aventuras, que visitava e revisitava até esgotar e começar outra história. Eu sempre era importante, viajava, falava diversas línguas, tinha muito dinheiro, era sempre feliz. Não que eu não fosse feliz na vida real, eu era tão feliz quanto eu conhecia de felicidade.

Quando eu não estava na casinha, estava na "minha árvore". Não consigo lembrar que tipo de árvore era, parecia mais um arbusto que eu domei desde pequenininha e ele foi crescendo e criando o espaço que eu usava para me sentar. Tinha folhas grossas e flores roxas num tipo de cacho. Quando meu pai iniciou a construção da casa nova, teve que cortar a árvore. Até hoje nunca encontrei outra igual.

As duas ameixeiras altas também eram um espaço de conversa, com uma amiga ou sozinha. Não havia muitos prédios altos na vizinhança, então eu tinha um grande horizonte de inspiração.

À noite, enquanto os outros estavam na sala ou na cozinha vendo televisão, eu ficava no quarto dos meus pais, na frente da cômoda da minha mãe que tinha um espelho. Ali eu era professora, viajante, espiã, *socialite* ou qualquer outra coisa que saía da minha cabeça. Uma vez, criei uma família inteira para mim. Eu era Krystynne Koskyowesken. Era uma família grande e todos os nomes começavam com K, cada um deles comportando todos os y e w que poderiam carregar. Eu adorava os y.

Não foram poucas as vezes que minha mãe colocou a cara na porta para ver com quem eu estava falando. Como se houvesse outra pessoa na casa além de nós. Lógico que eu falava comigo mesma. Eu também falava comigo mesma em inglês. Um *enrolation* do qual eu tinha muito orgulho.

Na adolescência, minhas palavras também eram refúgio. Tinha muitas agendas, na qual copiava alguns poemas e escrevia outros.

Nesse momento, a poesia começou a se desprender de mim e se prender em escritas. Eu escrevia muito e pensava mais ainda. Meus pensamentos nunca foram imagens, sempre foram palavras, diálogos, ensaios que eu escrevia ou soltava ao vento.

Nunca parei de falar comigo mesma. Dou grandes discursos pra mim quando estou dirigindo, caminhando, até mesmo quando estou tomando banho. Isso me resolve. Desde pequena, então, fui ensaiando a vida, moldando e fazendo muitas coisas acontecerem através das palavras.

Posso dizer que falo mais do que escrevo, porque, para escrever, as palavras precisam ser perfeitas, exatas, concisas. Mesmo assim, escrever completa uma das partes que faltam em mim. Faltam muitas partes, eu sei. Por meio das palavras, vou coletando essas partes pela vida.

Para ser grande

Não sei quantas vezes a gente pode ficar adulto numa vida só. Eu sei, com certeza, que me adultei pelo menos três vezes na minha vida. Ficar adulto não é só ter um emprego ou uma profissão. É aquele momento em que você se sente grande, muito maior que seu corpo físico.

Tive emprego, profissão, viajei pelo país e pelo mundo, fui morar em outro estado, encontrei o amor da minha vida, fiquei grávida, casei. Mas nenhum desses acontecimentos fez qualquer cosquinha na minha sensação de grandeza. Eu continuei eu.

Também nem pensava nessa coisa de ser adolescente, ser jovem, adulto. A minha vida seguia um fluxo contínuo e tudo se encaixava sem muito esforço, sem muita dedicação. Sempre pensei que era uma pessoa muito afortunada, sem nenhum carma para expiar.

Então, meu primeiro filho nasceu e eu não era mais eu, eu era mãe. Foi como se eu recebesse uma insígnia de maternidade. Eu era feroz. Minha mãe disse que não imaginava que eu seria assim. "Assim como?", perguntei. Assim, fazer tudo sozinha. Felizmente, o bebê não tinha só a mim, tinha um pai que também deve ter recebido a sua insígnia naquele dia. Logo formamos nossa equipe e tudo correu bem.

Isso foi o que aconteceu do lado de fora. Do lado de dentro, era outra coisa. Era eu sozinha. Não foi doloroso, não, foi lindo. Eu me sentia adulta, uma coisa que nunca tinha esperado, que nunca tinha almejado, porque sequer sabia o que era. E veio tudo de uma vez. Meu filho nasceu e já tinha o seu lugar no meu peito. E eu nem tinha medo de que não desse certo. Com certeza, ia dar. Era assim, simples e poderoso.

Depois, tive mais dois filhos, mas aí eu já era mãe, já tinha sido alçada a esse patamar, então era só aproveitar. A maternidade para mim é muito proveitosa. Essa experiência me tornou adulta pela primeira vez.

A segunda vez foi quando me tornei chefe. Achei que seria apenas diretora de escola e que continuaria sendo eu. Sem esperança. Dessa vez, esse sentimento de "ser grande" não veio de dentro de mim, mas do olhar das pessoas. Minhas colegas não me olhavam mais do mesmo jeito. Eu já não era mais a Joice, era a diretora, dona diretora, senhora diretora.

Não pense que a relação na escola ficou tensa ou difícil. Nada. Estava tudo igual e tudo diferente. De certa forma, esse olhar das colegas me constituiu, me empurrou para ocupar aquele lugar, me moldou de uma maneira diferente de quando me tornei mãe, quando as coisas eram só certas. Quando ocupei o cargo de diretora, precisei aprender a andar naquelas roupas, a tomar decisões, a ser definitiva. Ninguém quer ou precisa de uma pessoa insegura no cargo de chefia. Aprendi a ouvir, pensar e ponderar, mas também a decidir. E no meio do turbilhão, não achava difícil, mas trabalhoso. Foi quando deixei o cargo e o peso que dele carregava que senti a diferença de não ser mais chefe.

Não era mais diretora, mas as lições que aprendi ficaram comigo e não recuei um degrau quando deixei o cargo. Fiquei no mesmo lugar, só que mais leve.

A terceira vez foi quando ganhei o título de Educadora do Ano, no Prêmio Educador Nota 10, em 2019. E foi em grande estilo que eu cresci. Estava na Sala São Paulo, com gente de todo o Brasil, em uma cerimônia transmitida para milhares de pessoas. A Sandra Annenberg foi lá e disse: Joice Lamb. Depois disso, todo mundo queria tirar foto ou fazer entrevista comigo. Todo mundo queria ouvir o que eu tinha a dizer. Nesse dia, subi alguns degraus em importância. E não foi por uma coisa ancestral como a maternidade, não foi pelo olhar dos outros, eu cresci porque tinha o que dizer. Foi por mim mesma, pelas palavras, pelos pensamentos.

Eu estava lá representando um projeto coletivo, feito com a ação e a coragem de muitas pessoas. Mas aquele título era meu, porque foram minhas palavras que fizeram o projeto ser conhecido e admirado. Então, essa terceira vez em que me tornei adulta, foi pelo que eu disse.

Meu pai

O último dia em que vi meu pai vivo foi quando ele colocou a cara por meia porta entreaberta e disse que visitaria uns parentes numa cidade próxima. Disse que eu deveria cuidar da mãe e chamar o meu irmão se precisasse. Eu estava sentada numa poltrona lendo O *xangô de Baker Street*, de Jô Soares. Gostaria de lembrar que me levantei da poltrona e dei um abraço nele, mas não o fiz.

Atendi a uma ligação na manhã seguinte de um parente balbuciando e dizendo que meu pai tinha caído no meio da rua e eles não podiam fazer nada. Foi assim que eu soube que ele tinha morrido.

Eu pensava que meu pai era um homem mau. Ele gritava e minha mãe chorava, só podia ser mau. Eu era protegida dele por minha mãe, ela sempre estava amortecendo a situação.

Muitas vezes, ela, meu irmão e eu estávamos conversando no quarto do meu irmão. Ele chegava, a gente parava. Ele queria saber o que a gente falava, mas a gente tinha medo de dizer.

Na mesa da cozinha, às vezes, a gente conversava. Brincávamos que éramos ricos e que tínhamos coisas como jatinhos e mansões. Alguém (meu irmão, meu pai ou eu) começava e os outros iam atrás:

— O que vocês vão fazer no final de semana?

— Eu vou visitar o Rio de Janeiro, pai.

— Pode pegar o jatinho e levar o teu irmão. Fiquem na casa na Lagoa.

— Eu não quero ir, prefiro passear em Porto Alegre.

— Então pode pegar a Mercedes amarela, porque a preta eu vou usar.

E assim a conversa ia por um bom tempo. Minha mãe não gostava, dizia que era bobagem, que não devíamos falar essas coisas. Era bobagem só porque minha mãe não sabia sonhar.

Outras vezes, meu pai pegava as caixas da enciclopédia *O saber em cores* e lia. Adorava esses dias. Eu ficava junto a ele, olhando as gravuras ou lendo depois que aprendi. Meu pai nunca lia pra mim, ele só lia pra ele. Mas não precisava.

Ele tinha um livro grosso que lia sentado no jardim. Eu não era autorizada nem a ver o livro, quanto mais pegar na mão. Quando adulta, procurei o livro e era a vida das maiores cortesãs da história. Quem diria.

Dentro de um armário na sala de estar, ele guardava um monte de revistas *Grande Hotel* velhas. Adorava folhear. Minha mãe deu as revistas pra gente fazer bandeirinhas de São João. Ele ficou muito bravo. Era uma coleção, ele disse. Eram só revistas velhas, ela retrucou. E, assim, revistas velhas se tornaram.

Minha mãe sempre o servia nas refeições e separava a roupa que ele ia vestir. Era triste, porque geralmente ela não acertava o que meu pai queria e ele gritava com ela.

Poucas vezes a gente viajava, porque minha mãe nunca queria ir. Um dia, ele me trouxe uma sandália de saltinho que eu tanto queria e, no dia seguinte, fomos visitar alguns parentes. Lembro-me de que fomos uma vez para a praia com uns primos. As demais viagens para visitar outros parentes, os quais eu não conhecia, ele fazia sozinho.

Fumava como uma chaminé. Teve problemas respiratórios graves e nunca parou de fumar. Fazia nebulização e pedia um cigarro. Tinha pressão alta e, um dia, caiu na rua e morreu. Tivemos que buscá-lo em outra cidade, meu irmão e eu. Ele tinha ido visitar parentes. Quando chegamos lá, havia uma tenda improvisada sobre o corpo no chão. No meio de uma rua de chão batido. Assim que eu desci do carro, comecei a chorar e todo mundo acabou por saber quem eu era. Tínhamos que reconhecer o corpo, nos disseram. Eu não tive coragem de levantar o pano para ver o rosto dele. Meu irmão o fez. Eu só levantei a beirada do pano e vi a mão. Era a mão do meu pai.

Sentei numa pedra do lado da rua para esperar o IML chegar. Do nada, apareceu uma mulher com uma bandeja, com um guardanapo branco. Na bandeja tinha uma jarra com água e copos. Enquanto me oferecia água, olhou pra mim e disse que era uma pena, eu era tão bonita. Fiquei pensando que não era tão bonita assim, já que aconteciam tragédias comigo.

    Meu pai gostava muito de animais. Quando meu irmão trouxe para casa um rato branco do qual meu primo tinha que se desfazer, meu pai construiu uma gaiola bem grande. Quando o rato morreu, ganhamos uma cocota. Seu nome era Chica. Ela passeava pela casa e sempre podia me encontrar. Um tempo depois, ganhamos um macho muito arisco que tinha tido sua asa quebrada. Por muito tempo tivemos aqueles dois bichinhos. Quando cada um deles morreu, eu chorei. Acho que meu pai chorou como eu.

    Lembro-me de uma outra ocasião em que fiquei com o gato branco da vizinha. Ela tinha um filhote malhado também, uma fêmea, que ficou sem dono. Meu pai disse que ela também era nossa. Eu chamei o branco de Max. Na verdade, eu queria que ele se chamasse Dax, mas fiquei com vergonha de colocar o nome de um personagem de *best-seller* no gato. Não que alguém fosse reconhecer. Eu sentia vergonha era de mim mesma. Já meu pai chamou a outra de Gioconda. Veja só, naquele dia enxerguei uma parte dele que eu não conhecia. Uma parte erudita.

    Nosso quintal tinha uma plantação de cana-de-açúcar. Ele sentava lá e deixava que eu me acomodasse em seu colo para comer cana. Minha mandíbula doía um tempão depois disso. Alguns anos depois, meu pai olhou para aquela plantação e decidiu passar uma temporada fazendo garapa aos sábados pela manhã. Ele até chegou a inventar uma moenda com um motor que funcionou por um tempo. Eu e minha mãe tínhamos que ajudá-lo. Ficava mortificada de andar pela rua vendendo garapa. Foi uma felicidade quando ele decidiu acabar com a plantação.

    Ele era torcedor do Internacional. Quando tinha partida, ele assistia aos jogos na TV e, ao mesmo tempo, segurava um radinho vermelho que colocava na orelha. Assim, eu também acabei me tornando uma torcedora do Inter, mesmo sem me interessar por futebol.

    Uma outra lembrança que guardo é de quando recebi um prêmio de educação importante da cidade e que, para a ocasião, foi oferecido um jantar cheio de discursos. Não lembro de ter subido ao palco para receber o prêmio, mas sim do meu pai, nervoso, com fome e incomodado. Ele não pertencia àquele lugar. Minha mãe também não, mas ela estava – como sempre esteve: bem ali. Meu pai continuava impaciente e de modo algum ele ficaria esperando numa fila de bufê para se servir. Assim, não aguentou e foi embora antes do jantar. Na verdade, meu pai queria ter sido outra pessoa. E eu demorei para entender isso.

Já adulta, comecei a fazer terapia. Foi a partir daí que eu pude entender um pouco o meu pai e conversar com ele sem qualquer medo ou rancor. Descobri que ele era uma pessoa normal e eu o amava de todo o coração. Isso não fazia com que o amor pela minha mãe fosse menor. E que bom poder descobrir tudo isso.

Estabelecemos entre nós um bom entendimento alguns anos antes de ele morrer. Já se passaram vinte anos desde que ele se foi, mas as lembranças que tenho dele ainda me acalentam.

Às vezes, de repente, me surge alguma lembrança e entendo um pouco mais sobre o meu pai. Agora, tanto tempo depois que ele se foi, sinto que ainda não o entendi completamente, tudo o que poderia ter sido, se a vida fosse diferente.

Talvez a minha vida pudesse ter sido diferente se eu tivesse crescido em entendimento com ele. Talvez não. Ser pai é uma coisa complexa e, enquanto filha, eu não podia entender isso. E eu também era filha da minha mãe, e sinto uma certa tristeza em pensar que isso não pôde ter acontecido simultaneamente ao meu crescimento. Por muito tempo eu fui apenas a filha de minha mãe.

Tenho memória de sonhos

A maior parte das vezes que tive medo, estava sonhando. Quer dizer, tendo pesadelos. O medo nos meus sonhos é muito vivo e pulsante.

Tive alguns sonhos dos quais ainda posso lembrar da minha angústia e do meu medo como se tivessem sido reais. Um deles é que voltei a jogar handebol, como na minha adolescência. Estou indo para o treino, chego no ginásio e não consigo entender como estou lá. Não devia estar lá, porque já não sou mais adolescente. Às vezes, participo do treino, mesmo pensando que poderia me machucar, porque há muito tempo não jogo.

Outras vezes, tenho que explicar para o meu técnico por que não quero mais jogar. Vejo a expressão de decepção dele uma e outra vez. Ele não acredita que eu esteja tomando a decisão certa. Ele não acredita que eu possa ser alguém fora do esporte. Lembro que ele dizia que a gente não podia parar de jogar, porque senão iríamos casar e ficar "esquentando a barriga no fogão e esfriando no tanque". O alívio que sinto quando acordo desse sonho vem de saber que eu posso ser muitas.

Penso que esse sonho vem dessa relação ambígua que tenho com aqueles tempos. Cada vez que visito essas memórias, tenho sensações diferentes. Não consigo, de forma alguma, imaginar a minha vida se não tivesse tido a experiência com o esporte competitivo durante tanto tempo. Foram uns oito anos nos quais vivi momentos que nunca poderia ter vivido sem estar na equipe. Viajamos muito no Rio Grande do Sul e minha primeira viagem ao Rio de Janeiro foi com a equipe. Não havia nada de errado com a equipe ou a experiência. A questão era comigo mesma, eu sempre estava no banco de reservas, às vezes, nem no banco, para ajuda a carregar as coisas de minhas colegas. Só era titular da equipe quando não tinha outra pessoa para ir no meu lugar. Eu sabia que não era boa o suficiente, mas não me permitia parar de jogar, porque sabia que as oportunidades que eu estava tendo não existiriam em outro lugar. Muitas vezes, me senti como uma aproveitadora da situação. Acreditava que se eu fosse mesmo correta, sairia da equipe e deixaria meu lugar para outra pessoa mais capaz.

Se meu técnico lesse isso agora, ele diria que não, que eu tive um papel na equipe e blá, blá, blá. Uma conversa que eu, hoje, professora, também tenho com muitos alunos. Você é importante. Todos somos importantes e temos um papel a cumprir. Uma conversa em que quero acreditar.

No final das contas, não saí até completar o Ensino Médio e ter uma profissão. Sei que o técnico tinha esse objetivo de criar possibilidades de um futuro melhor para cada uma das meninas, coisa que ele e sua família ainda fazem até hoje. Então, de certa forma, deu certo.

Outro sonho recorrente é o de que eu ainda não me formei na faculdade. Falta um semestre, mas parei de ir às aulas. Por que eu parei de ir às aulas? Não consigo entender. Fico andando pelos corredores da faculdade pensando em alguma maneira de resolver esse problema até acordar. Tenho um medo terrível de encontrar algum professor e ele perguntar por que eu desapareci das aulas.

Acordo desses sonhos e demora um tanto para o medo passar.

Quando conheci meu marido

Era um dia de verão na Bahia. Tinha sublocado um apartamento no Porto da Barra. Minha intenção era morar em Salvador, trabalhar e tentar fazer um mestrado. Só que era verão e tudo o que eu desejava eram férias. Uma de minhas amigas mais queridas estava passando as férias comigo, para também aproveitar o apartamento. Todas as noites eram noites de festa.

Uma manhã, acordei incomodada de estar no apartamento. Precisava sair. Minha amiga não quis ir comigo, porque o sol estava alto e íamos nos queimar. Fui sozinha com a intenção de nadar no Porto. Cheguei na praia e não havia ninguém que eu conhecia na parte em que eu costumava ficar. Nossos amigos chegavam mais tarde. Olhei para o outro lado da praia e percebi que uma árvore fazia uma grande sombra. Decidi sentar na areia daquele lado para aproveitar. Quando cheguei, vi um rapaz sentado debaixo de um guarda-sol lendo um livro em inglês e, ao lado dele, havia um outro rapaz, aparentemente estrangeiro, tomando sol. Me lembro de ter achado o primeiro atraente, mas imaginei que fosse americano e desisti de tentar qualquer aproximação.

Deixei minhas coisas na areia sob os cuidados de um pai acompanhado de uma menininha e fui nadar. Não sei quanto tempo passei na água, mas quando voltei para pegar minhas coisas o suposto americano perguntou: "Estava boa a água?".

Rapidamente a minha percepção sobre ele mudou e pensei que ele poderia estar ao meu alcance, afinal. Nossa conversa começou ali e nunca mais parou.

Essas memórias são muito vívidas e já as contei muitas vezes. Nesse momento, gostaria de poder sentir as memórias de outra pessoa. Sentir o que ele sentiu ao me ver. Gostaria de poder olhar para mim pelos olhos dele. Mas isso não existe, né? Uma vez fiz um curso de psicologia e o palestrante disse que a gente não sente nunca o amor do outro. A gente só sente o nosso amor pelo outro. Podemos perceber que o outro nos ama pelas ações e palavras, mas sentir mesmo, a gente não consegue.

Descobri em seguida que seu nome era Dennis e ele era baiano, mas estava morando em São Paulo. Trabalhava na Varig e estava em Salvador para levar o amigo argentino para fazer turismo, e iria voltar naquela mesma noite. Sempre penso que alguma coisa me fez passear na praia naquele dia, porque se eu não fosse, não poderíamos ter nos encontrado. Se for mais longe na teoria da conspiração cósmica, posso pensar que o universo teve um dedinho na minha decisão de deixar o Rio Grande do Sul para morar em Salvador. Vai saber, né?

Tenho muitas boas memórias desses primeiros meses. Era muito diferente namorar a distância em 2000. Ele não tinha telefone em casa, só no trabalho. Celular e internet eram uma coisa quase inacessível. Então, passávamos um final de semana por mês juntos, quando ele podia tirar folga do trabalho em São Paulo, pegar um avião e me visitar.

Teve uma vez que era feriado e preparei várias comidas diferentes para passar o final de semana. Fiz um almoço delicioso para o sábado. Estava morando em um outro apartamento com duas amigas, só que elas iriam passar o feriado no interior, então a casa ficaria só para nós. Terminei o almoço e fui tomar um banho. Estava ansiosa e irritada porque ele estava demorando a chegar. No meio do banho, estava fazendo espuma com xampu no cabelo quando me veio uma iluminação. Não era naquele final de semana que ele viria, era no próximo. Saí do banheiro envergonhada e contei para minhas amigas. A gente deu muita risada e liberei o almoço para elas.

Imaginem que tive de esperar até o próximo final de semana para rir junto com ele. Eu não iria ligar para o trabalho dele para contar. A única vez que liguei para lá foi para contar que estava grávida, algum tempo depois desse final de semana.

Fiquei grávida na Páscoa e compramos as alianças no Dia das Mães. E desde esse tempo já se passaram mais de vinte anos. Nosso relacionamento já atingiu a maioridade.

Outra coisa de que me lembro daquele dia na praia é que, mais tarde, fomos nadar. Tenho facilidade para ficar flutuando, mas ele não tinha. Fiquei olhando para ele enquanto se esforçava batendo os braços e as pernas para ficar comigo nas águas mais profundas e flutuar. Eu meio que já me apaixonei por ele, achei aquele esforço tão romântico.

A gente sempre dá risada lembrando disso. Essa é uma das características mais bonitas do nosso relacionamento. A gente consegue rir muito de nós mesmos. Grandes gargalhadas! Não é lindo?

Formaturas

A minha primeira formatura ocorreu no Ensino Médio, no magistério. Penso que essa foi a mais importante, porque me deu minha profissão. Foi no dia 13 de julho de 1990. Eu tinha 18 anos.
A roupa tinha que ser branca e preta. Tipo saia preta e blusa branca. A mãe da minha melhor amiga é costureira e fez as nossas roupas como sempre. Usei um vestido de cotton justo, preto, de mangas longas, e um casaco branco de lã. Uma meia preta e uma bota preta de cano curto.
A cerimônia foi demorada. Minha família toda estava lá. Meu pai, minha mãe, meu irmão e meu padrinho. Também estavam meus vizinhos, porque o filho deles participou da cerimônia entregando uma rosa para mim.
Depois do evento, fomos para minha casa e minha mãe fez um café com sanduíches de queijo e presunto. Meu padrinho também foi e me deu um relógio de presente. Um relógio digital preto com uma pulseira que tinha uma listra azul. Eu me sentia muito rica com ele.
Mais tarde, fui com alguns amigos para uma festa a fantasia da sexta-feira 13, numa boate perto de casa. O meu vestido de formatura virou um vestido de bruxa. Quero esclarecer que não é possível fazer um paralelo entre a minha escolha de fantasia e a minha atuação na profissão. Se um dia fui bruxa, fui uma bruxinha boa de coração.
Fiz minha formatura da graduação em Letras, em 1998, no gabinete. Não me interessou a festa. Primeiro porque não queria gastar meu dinheiro suado alimentando os outros; e depois, porque queria, como sempre, viajar. Já havia combinado com meu amigo francês que ele viria me visitar e nós viajaríamos pela Bolívia e pelo Peru. A ideia de não fazer festa foi corroborada pelo falecimento de meu pai. Meus amigos acharam que era factível que eu não

participasse da festa por luto, mas não conseguiam entender que eu não participaria porque iria viajar pela América Latina vivendo um romance. Nunca entendi essa gente.

Não tinha ideia de como seria essa formatura de gabinete. Achei que era uma boa oportunidade para meu amigo francês conhecer minha universidade. Fomos apenas nós dois. Pensei que seria só pegar o diploma e assinar, mas tinha uma cerimônia. Eu não tinha nem máquina fotográfica. Guardo então umas fotos na memória. O professor colocando o chapéu na minha cabeça, os olhos azuis sorridentes do meu amigo e meu sentimento de realização. Esse sentimento é como uma imagem.

Eu não sou muito sentimental com esses momentos nem acho que é uma coisa que precisa de festa. Sempre senti uma urgência e um incômodo quando as coisas chegam ao final, como se eu já tivesse feito tudo e tudo já estivesse atrasado. Agora estou fazendo mestrado e acho que nem tem formatura.

Esse bonde eu já perdi.

Minha mãe

Minha mãe agora está com 87 anos. Quando eu era criança, tinha medo de que ela morresse, porque ficava "doente dos nervos" com frequência. Um dia, ela me disse que uma cigana tinha lido a mão dela e havia dito que ela morreria aos 88 anos. Era tão distante que eu consegui me acalmar. Agora não é mais tão distante.

Quando eu era adolescente, minha mãe era minha confidente, eu podia contar tudo para ela. Quando comecei a sair para festas e bares, ela sempre queria que eu contasse tudo. Mas eu contava quase tudo. Acho que ela vivia por mim, porque a vida real dela era muito triste. Quer dizer, não sei o quanto era triste. A minha leitura era de tristeza, mas revivendo essas memórias não sei se ela era triste como eu pensava que era. Durante muito tempo, tive pena dela e raiva do meu pai. Quando comecei a entender o meu pai, tive pena dos dois. Duas pessoas que viveram anos e anos juntas, mas nunca se encontraram de verdade.

Todos os meus primos e primas gostam da minha mãe. Ela sempre foi muito doce.

Quando eu estava no 4º ano, tinha uma paquera. Ninguém sabia, muito menos o menino. Só minha mãe. Um dia fomos fazer um passeio da escola e ela foi junto. Discretamente, tentei mostrar o menino para ela quando entramos no ônibus. Ela, toda feliz, apontou pra ele e disse: "É esse?!". Meu primeiro vexame de amor.

Na primeira vez que um rapaz me chamou para sair, meu pai pediu que a minha mãe nos acompanhasse. No contexto, até funcionaria, porque minha mãe conhecia a mãe dele e elas ficaram conversando, mas não havia possibilidade de eu olhar para o moço de novo depois disso. Não dá para começar um relacionamento em cima de tanta vergonha.

Meus pais não estudaram muito e minha mãe bem menos, porque teve de deixar a escola para ajudar a criar os filhos da irmã mais velha. Mesmo assim, ela lê e escreve um pouco. Eu ria das palavras escritas, porque eram grafadas exatamente como ela falava, meio "alemoado", mas tinha muito orgulho de ela saber ler.

Quando perdi minha virgindade, logo contei a ela. Dizer que eu perdi não faz jus ao que aconteceu. A minha virgindade já tinha se transformado em um incômodo. Eu já tinha mais de 20 anos, me sentia atrasada. Tinha um rapaz com o qual eu estava saindo por um tempo. Encontrei ele numa tarde e fomos para o apartamento da mãe dele. Minha primeira vez foi numa piscina e fiquei com um sentimento de dever cumprido. Depois daquele dia nunca mais me interessei em vê-lo, nem ele a mim, penso eu. Não posso dizer que não foi bom e que ele não foi atencioso. Às vezes me pergunto se ele se lembra. Naquele dia, não perdi nada.

Depois, ele me levou para casa no seu carrão. Meu pai me viu chegar e perguntou o que eu estava fazendo com ele. Olhei para o meu pai e na maior cara de pau disse: "Ah, então o senhor imagina que eu fui na casa dele, a gente transou no meio da tarde e ele me trouxe em casa?".

Entrei em casa e deixei ele com aquele sentimento de verdade e engano na mesma frase. Corri para minha mãe e contei tudo a ela. Eu era verdadeiramente uma mulher. E nós, mulheres, comemoramos.

Minha mãe sempre trabalhou muito. Em algum momento, ela não pôde mais trabalhar na fábrica. Trabalhava em casa preparando sapato, marcando palmilha, virando couro com um martelinho, toc, toc, toc, toc. Nossa casa tinha cheiro de cola de sapateiro.

Tudo o que eu queria, minha mãe me dava. Gosto de pensar que eu não queria coisas que tornassem a vida dela difícil, mas não sei dizer com certeza. Às vezes, memórias são parciais.

Por muito tempo pensei que minha mãe era uma vítima, depois, pensei que era frágil, mas não. Ela é forte e criou para si um mundo no qual ela pode existir. Não tem como mudar os pensamentos dela sobre várias coisas, temos apenas que aceitar sua teimosia e agradecer por ela estar aqui durante todo esse tempo.

Dona Eva

A dona Eva era um ícone da vizinhança. Ou a gente gostava dela ou odiava. Ela me tratava como uma filha, só que eu não era. Era só a vizinha. Sentia-me como uma filha, só que não era. Antes de eu virar adulta, ela era uma velhinha curvada com os cabelos sempre arrumados num coque. Sempre.

Eu a chamava de tia Eva, como muita gente pelo bairro. Ela tinha fama de ser brava e dura, mas era uma gatinha.

Seu marido era o tio Hugo, que faleceu por conta de um câncer no esôfago antes de eu virar adulta. O tio Hugo me trazia Danoninho quando ia ao boteco. Chegava em casa com 1 litro de leite de saquinho na mão gritando: "vai cair, vai cair...". Eu corria para pegar o saco. Quando caía alguma coisa e fazia barulho dentro de casa ele gritava: "caiu um lenço!". Tinha uma cadeira do papai na frente da televisão e ele ficava ali o dia todo, assistindo à TV e fumando. A lembrança mais antiga que eu tenho dele é de quando eu estava no hospital, talvez tivesse 4 ou 5 anos. Ele e a tia Eva chegaram para me visitar e me abracei nele com braços e pernas.

A casa da dona Eva era de madeira branca, uma casa Madezatti. Eu a achava linda. Havia uma outra casa antes, mas só a vi em fotografia. Tão diferente da minha, que era velha e escura. Aos domingos eles tomavam Coca-Cola e sempre tinha um copo para mim. Interessante que, quando eu era criança, o refrigerante era vendido em garrafas de vidro de 1 litro, mas todo mundo podia tomar. Achava que aquele refrigerante nunca acabava.

Eu ia na casa dela tomar chimarrão, comer bolacha e bala todos os dias, assim como muita gente na vila. A irmã dela aparecia de vez em quando, da qual eu gostava muito também. Sempre que eu ia lá, a dona Eva me contava sua história de vida. Um dia, gravei essas histórias e fiz um livro em comemoração aos seus 80 anos. Edição única.

As histórias que escrevi eram aquelas que eu ouvia durante toda a minha infância, minha adolescência, e mesmo adulta. Não tinha problema se ela repetia, eu gostava de ouvir. E ela gostava de contar, de reescrevê-las do jeito que a faria feliz. Tinha gente que me dizia "Não foi bem assim", mas nunca me importei com essa possível verdade, porque a vida dela era apenas dela, para lembrar, para contar, para eu escrever.

Ela ficou muito feliz com o livro. Tinha orgulho dele e de mim. Sentia-me muito querida perto dela. Posso dizer que muita gente na vila não gostava dela, ela dizia que eles tinham ciúmes. Mas eu era como uma filha para ela, ainda que não fosse.

Lembro-me de que sempre que alguma coisa sumia dentro de casa, ela dizia que alguém tinha roubado. Quando a coisa aparecia, ela fazia de conta que não tinha dito nada. Não sabia nem ler, nem escrever, mas movimentava o bairro com seus clubes de mães.

Uma vez, encasquetou que eu deveria vencer o concurso de mais bela prenda da escola, na festa de São João. O vencedor era aquele que vendia mais votos. Acho que ela comprou muitos para mim, porque eu venci. E o menino da minha turma que concorria a peão venceu também, porque talvez fosse deselegante deixar o meu par de fora da festa. Minha mãe nunca imaginou que eu fosse ganhar, mas dona Eva sabia e fez um vestido lindinho pra mim. Ganhei uma faixa e um colar com um pingente de coração. No ano seguinte, minha mãe não me deixou concorrer, porque sabia que dona Eva pagaria meu título outra vez – minha mãe levava o dinheiro muito a sério.

Quando fiquei grávida lá na Bahia, ela disse para minha mãe que deveria me mandar embora de casa, nunca me receber de volta. Quando voltei, ela estava na rua para me receber com um abraço. Ela era dura só da boca para fora; de pertinho, era uma molenga. Quanto ao meu marido, que eu contei para ela que era negro, ela também disse pra minha mãe que não servia para mim. Quando eu os apresentei, naquele dia que eu voltei para casa, ela o recebeu seca e disse: "Eu sou mais preta que ele". Assim, com um marido negro, quase branco, e uma barriga de quatro meses, fui recebida de volta como a filha pródiga.

Meu primeiro filho nasceu e ela ainda pôde colocá-lo no colo. Depois, foi definhando e morreu. Tinha muito medo da doença, então nunca contava quando sangrava. Pensava que poderia ter câncer, mas não queria saber. Ninguém podia com ela. Os filhos e netos desistiram de querer mandar nela e organizar sua vida na velhice. Ela era dona do seu nariz e de suas moléstias. Os outros só podiam aceitar.

Tenho um orgulho imenso de ter sido quase como uma filha para ela.

Esse pedacinho que faltou, a gente preencheu com histórias.

Minha vida feito poesia

A minha poesia é feita de vazio

Eu digo que a poesia sempre morou em mim. Sempre gostei de ler, mas muito mais de pensar em palavras. Não escrever propriamente dito, porque muitas das palavras que dançam na minha mente nunca vão parar no papel.

Às vezes, tenho saudade da minha poesia porque ela é quase uma falta. Tenho facilidade e dificuldade com as palavras. Facilidade porque elas saltam aos borbotões e preenchem linhas e folhas reais ou imaginárias bem rapidinho. Dificuldade porque elas são tantas e minha poesia quer sempre ser econômica.

Desde sempre escuto pessoas querendo publicar meus poemas. Fico assustada, porque tenho dificuldade em finalizar, visto que sempre parece ter palavras sobrando. Tenho muito a dizer, mas a ideia, o sentimento, a inspiração quase não posso traduzir em palavras. Mesmo assim, eventualmente eu faço.

como pode palavra
dizer o intraduzível?
as palavras são invenção
a verdade não existe.

Mesmo assim, nunca deixei de tentar fazer essa tradução, cultivar as palavras certas. Quando conheci meu marido queria segurar esse momento, mas o momento é tão cheio de detalhes, de cheiros, sons, brisas...

> Mergulhar no teu sorriso
> e não se perder
> Acordar ao teu lado
> e esquecer?
> a pele
> o beijo
> teus olhos
> nos meus

A vida vai nos levando e nem sempre temos tempo de encontrar palavras. A maior parte do tempo a gente apenas vive. Quando fiquei grávida pela primeira vez, estava longe de casa, em Salvador. O Dennis estava em São Paulo e aplicativo de mensagens ainda não existia. Eu era um transbordamento.

> Vazia, Maria sabia.
> e cheia?

Penso que ter essa poesia latente na minha alma me permitiu passar pela vida sem antidepressivos. O que é um feito, visto que professores até fazem piada sobre eles. Nunca tomei remédios controlados, mas já usei florais, homeopatia ou fitoterápicos quando o estresse era grande demais.

Uma vez, alguns amigos me convidaram para fazer um sarau na sede de um partido político. Organizamos os poemas em porta-retratos e fizemos uma instalação numa sala com objetos e livros que remetessem à leitura e à escrita. Tinha uma iluminação suave. A sala ficou cheia e em determinado momento li os poemas andando de quadro a quadro. Foi muito lindo. Acho que não sobrou um porta-retrato inteiro na casa dos meus amigos.

Posso até me lembrar da roupa que eu usava. Uma camisa branca de algodão que ficava caída nos ombros. Um colete xadrez em tons de amarelo, marrom e verde. Naquele dia, eu não tive vergonha.

O que dói mesmo é pensamento que amanhece na gente.

Ter uma mente criativa e poética pode nos levar por um caminho árduo. Não é com todo mundo que eu posso deixar a minha poesia livre. Tem gente que vê a poesia como fraqueza, como bobagem. Meu pai nunca soube que eu escrevia poemas, minha mãe não sei se entende. Mas a mãe de uma das minhas amigas, essa sempre me incentivou. Pediu até que eu imprimisse alguns para dar a ela. O primeiro livro da Joice é meu, ela sempre diz. De vez em quando, ela fala dos poemas e pergunta se eu não vou escrever mais. Eu tento, mas é cansativo. Parece tirar muito de mim, só uma frase.

Tudo o que habita em mim é suspiro.

Outro dia, pensei em fazer um perfil nas redes sociais só para colocar alguns dos meus poemas. Fiz e até parece que eles estão no lugar certo. De vez em quando, alguém os encontra e curte; de vez em quando, volto lá e leio. Por um segundo, parece que nem sou eu.

a caneta resvala
e me impede de ser poeta

mas palavras deságuam

A leitura na minha vida

Parece que eu já nasci compreendendo as palavras escritas.

Mentira! Aprendi a ler no 1º ano, aos 7 anos, com a professora Marli, estudando na cartilha *Davi, meu amiguinho*.

Não sei como foi. Só sei que, assim que aprendi, a leitura era como uma casa para mim.

Até hoje não passa uma palavra por mim que não seja lida de longe ou de perto. Num livro, na embalagem, na parede, no chão, na mão dos outros, no celular.

Não sei se a relação que tenho com a leitura é igual à dos outros. Acho que não. Além de ler muito rápido, muito rápido mesmo, tudo o que leio aparece na minha mente como imagem. Não são letras que eu leio. São imagens.

Mas o *boom* da leitura começou quando cursei o 5º ano numa escola estadual. Antes disso, os livros não eram de fácil acesso para mim. Não havia livros infantis na minha casa, tudo o que eu tinha eram os didáticos, mas eles acabavam rápido.

A primeira história pela qual me apaixonei foi *A pequena sereia*. Ela estava no final de um livro de português do 3º ano. Li umas duzentas vezes. Ela constava da obra completa de Hans Christian Andersen, não da versão romantizada da Disney que não tinha saído ainda em 1981. Como sofri com aquela sereia que sempre caminhava como se mil facas lhe cortassem os pés; que viu seu amor casar com outra porque não podia falar; e que, depois, se transformou em bolhas de ar; ou alguma coisa assim triste, porque não podia voltar a ser sereia.

A biblioteca da escola era uma sala ampla com grandes janelas, muita luz, mesas redondas e muitas prateleiras de livros. O bibliotecário era um senhor mais velho que logo percebeu meu amor pelos livros e me dava amplo espaço para escolhê-los.

Li tudo o que eu podia e mais. Nas férias, tinha acesso a uma coleção de clássicos da literatura brasileira da minha vizinha. Meu preferido era José de Alencar. O *guarani*, *Ubirajara*, *Lucíola*, *Senhora*... Depois que li todos, os emprestava novamente às vezes apenas para ler minhas partes preferidas.

Quantas vezes eu li o final de *Senhora* e imaginava os dois personagens principais entrando na alcova? E o final de *O guarani*... Via os dois, Ceci e Peri, flutuando numa palmeira na enchente. Depois que descobri Érico Veríssimo, quantas vezes reli as poucas páginas que narram o romance de Ana Terra com o índio Pedro Missioneiro?

Assim que pude, arrastei minha mãe para fazer uma ficha na biblioteca pública. Outro mundo se abriu para mim. E os romances de banca? Ah! Com qualquer dinheiro que sobrava eu comprava alguns, de preferência usados, que eram bem mais baratos.

Lembro-me de ter lido *Cem anos de solidão*, de Gabriel García Márquez, quando eu tinha uns 13 anos, tomando sol no jardim. Era meio obrigatório estar bronzeada quando voltava para a escola depois das férias de verão. Como minha família nunca viajava para a praia, eu precisava dar um jeito, então ficava pelo jardim mesmo. Só que nunca tive paciência para ficar parada sem um livro, então, unia o útil ao agradável. Besuntava-me com um bronzeador duvidoso, deitava no sol e aproveitava a leitura.

Sou encantada até hoje também pelo *Grande sertão: veredas*, de Guimarães Rosa. Gostava tanto que lia em voz alta para poder entrar de verdade na história. Tinha um carinho especial por Diadorim e Riobaldo. A história deles doía no meu coração. Uma história contada numa narrativa que eu nunca tinha visto. A forma com a qual Guimarães Rosa trata as palavras é ainda um deslumbramento para mim. Palavras perfeitas que não sabia que poderiam existir na língua portuguesa foram tecendo um novo entendimento sobre meu próprio idioma. E não venham me dizer que eram apenas regionalismos, e que não são criação e invenção astuciada com esse objetivo de causar na gente um suspiro. Depois dele, senti isso também com o moçambicano Mia Couto, com o qual tenho uma fotografia de tiete quando fui num seminário de literatura em Passo Fundo. Também sinto isso com Manoel de Barros, o poeta das "coisas inúteis".

Minha lista de encantamento com livros é longa e depende muito da época da minha vida. Dificilmente leio livros da moda, eu espero que o livro caia na minha mão. Ultimamente, qualquer coisa de fantasia, mundos distópicos, ficção científica atrai logo a minha atenção. Hoje, se o livro se parecer demais com a realidade da gente, vou ter que passar, porque a vida real está muito assustadora. As palavras, nesses tempos escuros, são uma fuga, então, não posso contaminá-las com a realidade. Eventualmente, isso vai passar, eu sei, e vou procurar acalanto em outras histórias. A literatura nunca decepciona.

O curso de Letras me aproximou da poesia por meio da crítica literária. Um olhar não era só sentimento, mas forma, contexto e conteúdo também. Em todos os períodos literários que estudávamos, eu sempre escolhia a poesia para escrever artigos. Ainda tenho alguns que escrevi e, de vez em quando, os releio, talvez para relembrar meus pensamentos da época.

Quando viajo, sempre trago livros de volta na bagagem. Eu tinha uma coleção linda de literatura de cordel que trouxe, aos poucos, das minhas viagens ao Nordeste. Tenho uma edição bilíngue de Baudelaire e outra de Verlaine, que trouxe da França, e uma de García Lorca que trouxe da Espanha.

Alguns livros não tenho mais. Dei, emprestei, vendi, troquei. Não gosto de livros presos em armários que nunca vão ser lidos de novo. Gosto de libertá-los. Mas alguns guardo comigo, os especiais. As *Estórias abensonhadas*, do Mia Couto; uma edição muito velhinha de O *Hobbit*, de Tolkien, *Toda Mafalda*, do Quino. *A menina que roubava livros*, de Markus Zusak, foi extraviada da minha prateleira, mas nunca vai sair do meu coração. De O *perfume*, de Patrick Suskind, guardo apenas a lembrança do mercado de peixe e a imagem de um menino de olhos arregalados.

Sempre escolho um livro antes de qualquer filme ou série. Se tenho tempo, estou lendo. Leio para aprender, leio para desestressar, leio para passar o tempo, leio quando estou triste, leio quando estou feliz, tranquila ou agitada, leio no barulho ou no silêncio, numa sala cheia ou vazia. Se tenho cinco minutos numa fila de banco, leio no celular. Quando estou muito estressada, leio parada no sinal de trânsito. Uma frase, que seja, já me aterra.

Não sei se vai existir um dia em que eu não leia. Duvido.

Aprender sempre foi para mim

Sempre gostei de aprender. Não posso dizer que estudava muito, porque sempre tive facilidade em saber as respostas que os professores queriam. Era muito boa em repetir o que eu lia.

Na época em que eu estava estudando não existia internet. A gente estudava pela *Barsa*, na *Delta*, *Conhecer* ou *Larousse*. Minha alegria era abrir o mesmo verbete nas três enciclopédias e copiar tudo em papel almaço para entregar. Eu nunca fazia resumo, fazia extensão de texto.

Em casa, eu tinha duas caixas da *Saber em cores* e uma outra vermelha pequena que também tinha os livros divididos por assunto, além dos livros didáticos antigos do meu irmão e os meus.

Eu gostava de mostrar o que eu sabia e não me incomodava em dizer as respostas para meus colegas, ou em emprestar o meu caderno para que copiassem antes de a aula começar. Acho que era generosa quanto a isso, mesmo que gostasse de me gabar das minhas notas altas e contar quantos MB (muito bom) eu tinha no boletim. Uma amiga minha desse tempo diz que eu deixava minhas provas em cima da mesa para mostrar a nota, mas se tirasse uma nota baixa eu escondia. Não me lembro disso, até porque tirar uma nota baixa era uma ocorrência rara, mas posso imaginar tranquilamente a jovem de 12 anos que fui escondendo as provas ruins.

De todo esse tempo, só me lembro de um I (insuficiente) que eu tirei no 5º ano em uma prova de substantivos. Consigo até lembrar do nome da professora. Fiz recuperação e tirei S (suficiente). Anos depois, encontrei essa mesma professora na faculdade. Ela foi a minha professora de estágio. Podem ter certeza de que a lembrei do conceito injusto que ela me deu naquele ano. Quem diria que eu guardaria rancor por tanto tempo. Que nada, eu sou pior. Certa vez um jovem estagiário chegou na escola e me disse que essa professora era a professora dele. E eu? Aproveitei a oportunidade para contar da minha única nota baixa no 5º ano, lógico.

Aprender serve para resolvermos a vida. A primeira coisa que me obriguei a aprender foi a jogar handebol. Ouvia com atenção as palestras que o treinador dava antes dos treinos e entendi que jogar no time poderia me favorecer. E foi assim mesmo. Não sei quem eu seria se não tivesse jogado na equipe da escola, e depois em outras, dos 11 aos 18 anos. Não sei onde eu estaria. Meio assustador pensar que a decisão dessa menina teve o poder de moldar a minha vida. As experiências, a equipe, a disciplina, os amigos, as palestras, os medos, as frustrações, as dores, os sonhos, os encontros, as vitórias, as derrotas, as promessas, os desencontros, os ídolos, o esforço, as escolhas, os erros, as decepções, tudo: tudo isso faz parte de quem eu sou.

Aprendi a ser resiliente, a perseverar, a encarar a decepção e seguir por ela. Atravessei esse tempo como um trator ara um campo. Muitas vezes, machucou quase que por demais. Quando queria desistir, quando eu chorava a minha inépcia, meus pais diziam que tudo aquilo que eu estava ganhando, eles não poderiam dar. Então eu ficava, me esforçava mais, aprendia mais um pouco, tentava ser útil para que não percebessem que, bem lá no fundo, eu não sabia jogar direito.

Ainda adolescente, roía as unhas o tempo todo. Até hoje, se tenho a oportunidade aindo roo. Minha luta para vencer esse vício é notória entre a minha família e meus amigos próximos. Todos sabem que manter as unhas bem-feitas é um incentivo para não roê-las. Eu nunca vi minha mãe ir a uma manicure. Uma vez, ela me contou que, quando jovem, havia ido e se arrependeu amargamente porque suas cutículas ficaram inflamadas.

Mesmo sem incentivo, quando eu era adolescente queria ir ou deveria se quisesse manter as unhas. Dinheiro para manicure nós não tínhamos e nunca passaria pela cabeça de minha mãe destinar dinheiro para isso. Não sei se ganhei ou pude comprar, mas consegui um kit de manicure e comecei a fazer eu mesma as minhas unhas. Depois de muitos bifes arrancados e muitas pinturas borradas, fiquei bem razoável nessa arte. É lógico que já fui a manicures e, por um período, tinha até uma que vinha a domicílio, mas esses são episódios raros. Não tenho nenhuma paciência para salão.

Quando precisei ganhar um dinheiro, junto com uma grande amiga, resolvemos pintar camisetas. Eu não sabia desenhar, mas jogar as tintas de maneiras inusitadas também pode ser chamado de pintura. Assim foi e até que prosperamos por um tempo. Mas se tem uma coisa da qual eu nunca gostei, nem aprendi, foi a vender e minha amiga também não era das mais capazes na arte de fazer as outras pessoas precisarem e quererem comprar camisetas pintadas. Então, nosso negócio acabou fechando.

Quando as crianças eram pequenas, meu marido passou um tempo nos Estados Unidos. Ele voltou no último dia do ano e ia passar uns dias com a mãe dele em São Paulo antes de vir para o Rio Grande do Sul. Nós estávamos com saudades, então decidi dirigir até São Paulo. Nunca havia dirigido para mais longe do que Porto Alegre, que fica a uns 50 quilômetros de onde moramos. Isso foi em 2007, quando os celulares não tinham GPS. Entrei na internet, baixei os mapas e tracei o caminho. Chegamos sãos e salvos.

Meu marido, um tempo desses, quis abrir uma confecção de roupas ecológicas. Em determinado momento, ele precisou de alguém que pudesse fazer artes e logotipos para os clientes. Eu descobri um programa de vetores e aprendi a usá-lo. Ele também precisou de uma costureira, então aprendi a costurar.

Sigo na vida sempre tendo coragem de aprender.

As partes de mim que vou coletando pela vida

O interessante das memórias é que a gente vai tecendo outras enquanto se lembra das antigas. Fico pensando se cada vez que revisito uma memória, ela não fica diferente. Agora, por exemplo, estou olhando para o passado e pensando como foi. Só que eu já fiz isso outras vezes. Será que eu lembrava de um modo diferente ou lembrava igual?

Tenho uma lembrança de infância que não sei se é minha ou se criei de tantas vezes que me contaram. Eu devia ter uns 4 anos. Minha família foi a uma festa de aniversário que tinha chope. Então, eu peguei um caneco em miniatura e fui colocando embaixo da torneira. Os adultos devem ter achado engraçado a menina com um caneco e iam enchendo de bebida. Quando minha mãe me encontrou eu estava bêbada, levantando o pequeno caneco e gritando: chope! Chope!

Nessa lembrança, eu posso me ver sorridente e corada. Como se fosse uma adulta nessa festa vendo a menininha que era eu. Então, seria uma memória real ou inventada? De tanto me contarem, talvez eu quisesse lembrar.

Olhando por este ângulo, a nossa vida poderia ser uma mentira? Eu não penso assim. Acho que nossas memórias são partes da gente, as quais vamos coletando pela vida. Mesmo contadas por outras pessoas, elas nos pertencem.

A lembrança mais vívida que tenho de criança é de um abraço da minha mãe. Eu estou enrolada numa coberta. Minha mãe me tem no colo e está descendo a rua, me levando para a casa da minha tia. Olho para cima e vejo seus cabelos e sinto sua respiração ofegante. Sei para onde estou indo, não porque eu vejo, mas porque sinto o movimento dos passos da minha mãe descendo a rua. Sinto a cadência e sei para onde ela está me levando. Essa é uma memória cheia de conforto e sensações.

Tem vezes que me olho no espelho e fico tentando achar aquela menina ou a jovem idealista ou a mãe de primeira viagem. Todas estão em mim, eu penso. Mas onde?

Tenho um sentimento de ser jovem. Muito disso vem da minha mente que é uma fábrica de ideias. Quando era criança, li A *fada que tinha ideias*. Quando era adolescente, encenei essa história na escola. Eu gostaria de ser uma fada, muito mais que uma princesa. A realidade bate à minha porta e eu não tenho pó mágico, mas tenho ideias.

Ideias que eu não vendo, mas distribuo sem medo. Minha mãe sempre se espanta comigo e pergunta: Quem te ensinou? Quem te disse para fazer assim? Como tu pensou nisso? Mulher de pouca fé!

Nem sempre pude colocar as minhas ideias em prática, mas elas não deixaram de existir. Estão aqui, vivas nesse território das possibilidades que é a minha mente.

Envelhecer deveria ser uma coisa simples, porque, a partir do momento em que nascemos, nosso tempo começa a ser contado, mas envelhecer é extremamente complexo, porque não é linear.

Hoje, beirando os 50 anos, meu corpo não responde mais como antes. Canso com mais facilidade, tomo um remedinho para regular pressão, ofego na subida da escada... Algumas rugas já apareceram, o joelho estala de vez em quando, os óculos são multifocais. Mas a mente... Essa está por todo lado, viva e pulsante. Penso que minhas memórias são tão vibrantes que não permitem que minha mente divague no vazio. Minha memória nunca é um vazio.

Em cinquenta anos, quantas vidas eu já vivi?

Já fui uma estudante compenetrada, uma filha, uma jogadora de handebol sofrível, uma artesã de papel reciclado e camisetas coloridas, uma irmã, uma poetisa reticente, uma viajante, uma professora, uma esposa, uma bibliotecária, uma diretora de escola, uma mãe, uma tia, uma *designer* de logotipos, uma vendedora de uniforme escolar, uma costureira, uma coordenadora, uma palestrante, uma *youtuber* de educação, uma...

Isso não são vidas que você já viveu, são papéis que você assume dentro da sua única vida.

Eu não penso assim tão simples. O que tem de semelhança entre a costureira e a poetisa reticente? A jogadora e a palestrante? São tão diferentes que poderiam ser mesmo vidas diferentes.

Nunca quis estar parada no tempo, sempre procurei por novidade. Lembro-me de um início de ano letivo, entre 1991 e 1998, porque aconteceu na escola em que trabalhei naquela época. No primeiro dia, fizemos uma roda no ginásio e cada professor estava dizendo alguma coisa. Uma das minhas colegas, no início da técnica, disse que gostava tanto daquela escola que já se via se aposentando naquele mesmo lugar. Para mim, aquilo bateu como uma pedra na minha cabeça, tão forte que até doeu. Fiquei inquieta e incomodada. Eu gostava de lá, gostava do lugar, das crianças e tudo mais, mas não podia dizer que queria ficar mais uns vinte anos ali mesmo. Antes de chegar a minha vez de falar, mais colegas disseram variações da mesma coisa, ficar ali até se aposentar. Quando chegou a minha vez, meio sem graça, tive que dizer que eu não sabia bem o que queria do futuro, mas não era ficar ali para sempre. E não fiquei.

Para muitas de minhas amigas, uma professora trabalha o seu quinhão, se aposenta e vai aproveitar a aposentadoria bem longe de escola e de crianças. Ser aposentada é a parte final da vida. Que coisa assustadora. Já era assustadora para mim quando eu tinha uns poucos anos de trabalho e é assustadora agora quando estou bem perto da aposentadoria.

Vou me aposentar do cargo de professora na prefeitura e só. Não vou me aposentar da educação ou da vida, principalmente porque ainda tenho muita memória para criar. Posso dizer que sou uma pessoa extremamente orgulhosa de minhas memórias. Quantas pessoas poderiam dizer isso? Quem tem orgulho da colcha de retalhos que é, quem tem orgulho de ser feita de pedaços, sempre envelhece bem.

Um dia, escrevi um poema:

> *Cada fagulha que pulsa em mim sou eu?*
> *me espalho pelo mundo*
> *um fio de cabelo ao vento*
> *como semente de mim, floresço*
> *porque só pode florescer quem*
> *um dia se desprendeu de si*

e encontrou o mundo.
As coisas que eu não tinha

Quando eu era criança, não tinha muitos brinquedos. Lembro-me de uma boneca Susi, um boneco bebê de plástico rígido, que eu chamava de Paulinho, e uma boneca com cabelo loiro cujo nome meu irmão ajudou a escolher: Lisa.

Não ter tantos brinquedos talvez tenha favorecido minha imaginação. Eu tinha brinquedos imaginários, veja só! Lembro com carinho de umas bonecas de papel que desenhei. Era verdade, mas não era também. Era uma boneca adulta, jovem e independente. Eu desenhei o corpo e fiz diversas roupas para trocas. Pegava uma revista de moda e usava a textura das roupas para fazer as minhas. Criei uma casa numa caixa de sapato. Os móveis eram de caixas de fósforo encapadas e pintadas.

Por muito tempo eu não tive um quarto. Dormia no dos meus pais. Um dia, eles perceberam que eu tinha crescido. Meu pai fez uma reforma na nossa casa de madeira. Mudou a parede do quarto deles e do quarto do meu irmão e arranjou espaço para meu quarto. Tinha uma janela. Cabia uma cama e um criado-mudo. Só. Não tinha espaço para roupas ou qualquer outra coisa. Se uma amiga vinha me visitar, sentava-se na cama comigo. Nenhuma amiga nunca passava a noite na minha casa. Eu tinha um quarto, mas tinha gente que achava que eu não tinha.

Na minha casa não tinha um sofá. Na sala, tinha uma mesa grande, uma cristaleira, um balcão que sustentava a televisão preto e branco e algumas cadeiras. Eu não conseguia compreender a necessidade de um sofá. Também não tinha pia no banheiro. A gente escovava os dentes na torneira que tinha do lado de fora da casa, ao lado do tanque, e cuspia no chão. A água que corria levava tudo para uma valeta e da valeta para os fundos da casa. Nunca pensei para onde ia depois disso. Meus pais nunca tiveram carro, nem telefone fixo, nem máquina de lavar roupas.

    Olhando para tudo isso, agora adulta, penso que, enquanto crescia, não sentia falta das coisas que eu não tinha, porque as coisas que tinha tomavam um espaço danado em mim.

Café

Na minha casa de infância, todo mundo tomava café preto. Tinha leite, é claro, mas o café do meu pai era preto e isso explica tudo. A xícara que meu pai usava era sempre a mesma. Uma colorex amarela. Tínhamos vários pires, mas a xícara era a única que havia sobrado. Minha mãe servia o café para o meu pai até quase transbordar. Ele sempre queria assim.

Sempre foi café passado num coador de pano. De jeito nenhum café solúvel. Meu pai tinha muitas peculiaridades e minha mãe fazia de tudo para agradá-lo. Não sei quando nós, lá em casa, descobrimos o café solúvel batido. Uma delícia. Você põe o café na xícara, o açúcar, poucas colheres de água quente e bate com uma colher até essa massa ficar quase branca, daí, era só encher a xícara com o restante da água quente.

Nas tardes mais quentes, minha mãe oferecia café preto gelado como refresco. Eu ficava feliz quando via que tinha sobrado café no bule. Meu pai não tomava café requentado, então todo o café que sobrava poderia virar refresco.

Bebi café preto por muito tempo. Não podia nem imaginar o café com leite. Quando viajei para a Europa eu tinha 25 anos de café preto. Meu acompanhante e guia na viagem também amava café preto. Bebia muito café, mas não comia quase nada. Viajamos de carro e na nossa primeira parada, eu pedi um café preto como ele. Ele não pediu nada para comer e eu o imitei. Algumas horas depois, paramos novamente para tomar café. Ele pediu um café preto e só. Eu pedi então um café com leite e só, também. Analisei rapidamente a situação e pensei que se tivesse que me sustentar só com café, melhor seria que fosse com leite. Desde então bebo muito café com leite.

Quando eu estava na faculdade e levava uma hora de ônibus logo depois do almoço, só um café da máquina no corredor da minha sala poderia me salvar do sono que me batia.

Não entendo quando ouço as pessoas dizendo que crianças não devem tomar café. Acho um absurdo. É lógico que não dei café na mamadeira dos meus filhos, mas quando eles pararam de beber leite ou leite com achocolatado, eu ofereci café pela manhã.

Para sempre, café preto vai me lembrar do meu pai.

O tempo de vida dos eletrodomésticos

De repente, minha máquina de lavar estragou. Mas como? Acabei de comprar! E meu marido me diz que ela já tinha 10 anos e ainda faz referência ao nascimento de um de nossos filhos. Foi um baque grande para mim. A gente vai vivendo e não percebe o tempo passar até que um eletrodoméstico estrague.

Desde que eu e meu marido estamos juntos, em 2021 soma-se 21 anos, tivemos muitos eletrodomésticos que simplesmente fundiram pelo uso. Mas a nossa família não, essa continua funcional. Imagino que tem encontros que não duram a vida útil de um liquidificador ou de uma torradeira. Posso dizer que já superamos duas geladeiras e estamos na nossa terceira máquina de lavar roupa. E chuveiros? Perdi a conta.

Tínhamos poucas coisas interessantes na minha casa. Eu já tinha uns 4 anos quando meu pai fez uma grande compra. Uma geladeira e uma televisão. Era a primeira dos meus pais, casados há quase dez anos.

Como se fosse agora, vejo os entregadores descendo o caminho do pátio da minha casa com a geladeira azul Steigleder. Fiquei hipnotizada. Nunca tinha visto nada tão lindo como aquela geladeira azul. Minha mãe gostava muito dessa cor e deve ter tido influência naquela compra.

Depois do jantar, meu pai ligou a televisão na mesa da cozinha. Era uma televisão Philco com um botão seletor de canais que fazia barulho quando a gente girava. Tinha mais três botões de girar. O liga-desliga, o de volume e o de sintonia. Ainda não tínhamos antena, então, quando meu pai ligou a TV pela primeira vez sobre a mesa da cozinha, apenas sintonizou o canal 2, os outros eram apenas chiados.

Lembro bem que levamos a geladeira para a casa nova em 1997. Ela deveria ter uns bons 20 anos. A televisão ainda estava funcional, mas meu irmão arranjou outra colorida. Eu estava tão acostumada com a televisão em preto e branco que achava que via as imagens nela em cores. Acreditam?

Depois que fomos morar juntos na casa da minha mãe, eu e meu marido compramos uma televisão de tubo, mas tela plana. Gigante. Essa querida durou uns quinze anos ou mais.

De tudo o que temos, penso que as panelas de aço inox com fundo triplo que eu comprei numa promoção são a coisa mais duradoura que eu já tive. Já são vinte e cinco anos e elas nem estão amassadas.

Há menos de um ano compramos uma fritadeira a ar. Foi uma alegria para um povo louco por batata frita. Infelizmente, ela já está dando defeito.

Esse novo tempo dura pouco.

Autoajuda

Sentei na cama com o computador no colo para escrever e tive um *déjà-vu*. Eu já escrevi um livro antes. Bem aqui, sentada na cama. Eu estava grávida, esperando meu filho mais novo, então era 2009. Lembro-me de tardes inteiras com o computador no colo. Meu marido achava que poderia prejudicar o bebê, já que o *notebook* ficava em cima da minha barriga.

Estava escrevendo um livro de autoajuda que queria vender pela internet, um *e-book*. Baixei um programa para criar *e-books* a partir de páginas da internet. Eu criava as páginas por um programa no Windows, do qual eu não lembro o nome, e "linkava" uma na outra. Depois disso, o programa gerava um arquivo para ler no Internet Explorer.

O livro ficou pronto e falava sobre encontrar a felicidade. Para vendê-lo, registrei um domínio: www.felicidadeonline.com. Achei até o *e-mail* do registro desse endereço. Então era verdade, não estou imaginando coisas.

Depois que o livro estava pronto, o converti para *e-book* e coloquei uma senha. Passei para várias amigas minhas para que o avaliassem. Como estratégia de *marketing*, eu tinha escrito uma sequência de *e-mails* que as pessoas iam recebendo dia a dia para ficar com vontade de comprar o livro ao final.

O *notebook* que eu usava era um que meu marido havia trazido dos Estados Unidos. Em 2008, ele passou seis meses trabalhando lá. Quando voltou, trouxe muitas coisas lindas e uma delas era esse computador preto brilhante com teclas de metal. Nesse *note* é que escrevi o livro naquelas tardes de verão. Eu deveria estar de férias, ou então escrevia só no final de semana.

Procurei nos meus *e-mails* antigos e não consegui encontrá-lo. Só a sequência de *e-mails* que eu deveria enviar para as pessoas. A primeira mensagem pedia para a pessoa fazer uma leitura do seu rosto; a segunda, a convidava para respirar fundo; a terceira, trazia uma técnica de alongamento; a quarta, dizia para fazer uma lista de coisas que fazem a pessoa feliz; a quinta, falava em sentido da vida; a sexta, iniciava uma sessão de meditação; a última, a convidava para comprar o livro.

Se eu me concentrar, posso até acessar imagens minhas trabalhando nesse texto. Lembro-me de ter conversado com minhas amigas sobre o *feedback*. Todas gostaram. Outro dia perguntei se elas ainda tinham o livro, mas nenhuma guardou. Talvez não fosse tão bom assim, né?

Como eu não tenho mais o livro, nem rascunho dele, não posso saber o que estava escrito. Minha memória só anda pelas beiradas, sem nunca alcançar o centro. Esse livro é uma incógnita, um vazio na minha lembrança. Como eu o escrevi totalmente no computador, não tenho nem um rascunho de papel, e olha que eu tenho muitos deles e cadernos com poemas de muito tempo atrás.

Tento compreender as minhas motivações para escrever um livro de autoajuda. Será que eu achava que tinha talento para escrever esse tipo de livro ou achava que meu talento só permitiria escrever esse tipo de texto? Por que eu não escrevi um livro de poesias? Eu tenho tantas. Ou será que o objetivo era ganhar dinheiro e eu pensei que era o que vendia?

Sei que terminei o livro. Sei também que fiquei feliz em escrevê-lo, mas os motivos para não ter ido adiante com a ideia se perderam no tempo. Vejam só, tenho a receita da felicidade perdida nas minhas memórias.

Frio

Todo mundo que nasce no sul do Brasil tem muitas memórias do frio. Quando eu era criança sentia muito frio. Lembro-me de muitas manhãs em que minha mãe vestia a minha roupa debaixo das cobertas. Eu nunca teria capacidade de sair da cama se ela não fizesse isso.

Depois que cresci, aprendi a me vestir para o frio gaúcho. É preciso colocar peça sobre peça, numa certa ordem, para que uma roupa se encaixe na outra e não permita que se crie espaços de ar preso que gela até a sua alma. Também é preciso saber que os pés têm de ficar quentes. Os pés frios acabam com qualquer possibilidade de manter calor no resto do corpo. Então, meias, pantufas ou sapatos devem estar sempre nos pés.

Quando eu reclamava do frio para a minha mãe ela me mandava varrer a casa ou o pátio. Varrer é um exercício que aquece mesmo ou, é lógico, fazer qualquer outro exercício físico. Minha mãe é que se aproveitava do meu frio para me pôr para trabalhar. Ela não compreendia o conceito de atividade física que não tinha um propósito de limpeza ou trabalho.

Dormir em dia frio também tem um ritual. Meu marido passou muitas noites congelando ao meu lado embaixo de muitos cobertores e cheio de roupas. Demorou pra ele aceitar minhas lições. Quando você vai dormir não pode estar com frio, porque as cobertas não vão aquecê-lo, mas, se você estiver quente, vão mantê-lo assim. Se meus pés estão gelados na hora de dormir e eu já tomei banho, aqueço água e mergulho meus pés nela até ficarem quentes, daí eu vou dormir. Ensino esse truque para todas as pessoas que visitam a minha casa que são originalmente de lugares quentes. Só os mais inteligentes aceitam a dica. As pessoas parecem ter vergonha de mergulhar os pés em água quente, não sei por quê.

A gente sai para ir para a escola às seis e meia da manhã aqui no Rio Grande do Sul. Touca, cachecol, luvas, várias meias, casacos pesados. Parecemos uns bonecos de neve andando. Pode ser que o céu esteja limpo e vejamos a geada sobre o pátio, nas plantas, nos carros. Ou pode ser que a cerração não permita que se veja um palmo à frente do nariz. Outro dia, o vento pode estar cortando a pele, intensificando a sensação de frio. Ou então pode ser a chuva a gelar até a alma. Não me lembro de um dia ter faltado à aula por causa do frio. Minha mãe não deixava. Por outro lado, sempre tive roupas suficientes, nunca tive que usar chinelos ou ficar com os pés molhados. Quando chovia, minha mãe colocava sapatos, meias e calças na minha mochila. O grande guarda-chuva protegia a parte superior do corpo, mas as pernas e os pés eram impossíveis de ser mantidos secos. Eu chegava na escola, ia ao banheiro e trocava de roupa. Passava o dia bem sequinha. Quando ia para casa, se ainda estivesse chovendo, tirava a roupa seca e colocava a molhada. Se chovesse a semana toda, não podia ficar sem roupas para usar.

Nas minhas viagens pelo Brasil, sempre que a conversa era sobre o clima, eu, orgulhosamente, contava das peripécias que temos de fazer em caso de frio. Todo gaúcho tem orgulho de poder aguentar esse tempo louco que temos aqui. Numa viagem de ônibus noturno pelo Ceará, quase morri de frio. Não conseguia entender por que o ar-condicionado estava congelante. Não havia necessidade disso. Lembro-me de ter ficado muito mal-humorada e pedido para o motorista diminuir a potência do ar. Ele me disse que estava travado, não tinha como mudar. Foi uma viagem horrível. Coitado daquele que me disse que eu não deveria reclamar, já que era acostumada ao frio. Acostumada a usar roupas de frio, no frio. Não de ter que aguentar um frio congelante porque minhas malas estavam no fundo do porta-malas do ônibus e eu vestindo apenas uma bermuda e uma blusa de alcinha. Saindo do ônibus, a temperatura estava em 30°C. Cada parada para ir ao banheiro era um choque térmico. Gente com desejo de ficar com a boca torta, isso sim.

O frio que eu sentia na infância era um frio que eu só conhecia pelo corpo. Não tinha termômetro na minha casa. A gente sabia do frio pela pele, abrindo a janela e colocando a mão para fora. Hoje, todo celular informa a temperatura. Antes de sair da cama, estico o braço, pego o celular e checo a temperatura. O frio não mudou, só ficou mais fácil de conviver. Você não só sabe a temperatura na hora, mas também sabe a temperatura do dia. Vai ficar mais frio? Vai ficar mais quente? Vai chover? Vai ventar? Então, se vai ficar mais quente, você não precisa ser pego com uma camiseta velha debaixo do casaco. O que, para os gaúchos, é um luxo.

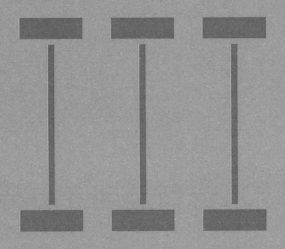

Ensinar e aprender

As casas das crianças

Em 1990, fazíamos visitas às casas das crianças. Sábado pela manhã, geralmente.
Deixei aquela casa por último, porque ficava no limite da cidade, na beira do arroio, longe de outras casas. Não estava um dia ensolarado. Era quase meio-dia e ainda só se viam sombras.
Era um casebre de madeira e estava completamente fechado. Para se chegar lá, era preciso caminhar por um espaço que poderia ter sido uma prainha. Areia e pedras. Do lado de fora da porta, sentada numa pedra que fazia as vezes de degrau, a menina me esperava.
Eles estão dormindo, ela disse.
Seu cabelo era curto e escuro, seus olhos negros e profundos.
Não pedi para que os acordasse.
Não sei de mais nada desse dia, mas deixei um pedaço de mim ali.
Essas visitas eram controversas para os professores, mas eram obrigatórias. Tínhamos que visitar as casas de todos os nossos alunos. Essa história que narrei foi do meu primeiro ano de trabalho. Eu ainda não entendia como era a vida das pessoas daquele bairro. No fundo, era bom que fôssemos obrigados a fazer as visitas, era necessário para que soubéssemos como era a vida da comunidade. Porém, não sei se eu tinha alguma real compreensão da situação. Sentia pena, muita pena, e uma impotência

avassaladora. Para lutar contra essa impotência, meu complexo de heroína tomava a frente e eu me sentia a única pessoa que poderia salvar aquelas crianças.

Nem todas as visitas eram difíceis. Lembro-me de ser esperada e recebida com bolo, café e chimarrão, que eu sempre aceitava. Outras vezes, tinha que conversar no portão. As famílias queriam mostrar para os professores o seu melhor. Elas queriam ser aprovadas nesse teste que a escola impunha. Eu sorria muito e tentava ser acolhedora, não intimidadora. Afinal, eu também queria ser aprovada nesse teste que as famílias, mesmo sem saber, me impunham.

Essa visita às casas das famílias foi se tornando mais escassa e não era mais necessário visitar a todos. Eu, particularmente, sempre gostei de fazer essas visitas, de conhecer essas casas e essas famílias, estar próxima, mas nem sempre sabia o que fazer com isso. Em alguns momentos, essas visitas poderiam parecer um engodo. A gente acolhia e depois abandonava. Fazia longas entrevistas, querendo saber tudo sobre as famílias, mas quando nos deparávamos com um problema, com uma dor, com uma violência, não tínhamos muito o que fazer. Em alguns momentos, tínhamos que olhar para o outro lado.

Em uma dessas visitas, ainda no início da década de 1990, combinei com um grupo de uns quinze alunos para me encontrar na escola. Organizei um roteiro e fomos caminhando pelo bairro a fim de chegar em todas as casas. Foi muito divertido e ao mesmo tempo surpreendente. Minha infância foi pobre também, mas meus pais moravam num bairro antigo e nobre da cidade. Nosso chalé de madeira resistiu aos cupins por décadas e permaneceu intocado, apenas observando as outras casas do bairro sendo renovadas ou demolidas. O bairro onde estava localizada a escola em que eu trabalhava nessa época era um bairro em expansão, com novas casas e novos moradores chegando e se instalando em terrenos urbanizados ou em ocupações.

As pessoas que chegavam do interior traziam seu modo de vida e eu, pessoa sempre da cidade, ficava encantada e espantada com muitas coisas. Numa das casas em que fui naquele dia, estavam "carneando um porco". Isso mesmo, no meio do quintal havia uma mesa grande e o animal abatido sendo retalhado. O pai do meu aluno deu a entrevista com a faca ensanguentada na mão, dando instruções para os outros. O menino olhava para o pai com adoração. Não sei que caras e bocas eu fiz, não sei o que pensavam de mim, só sei que essa cena ficou marcada na minha mente.

Em outro dia, já pelos anos 2000, cheguei numa casa num sábado também. Era um chalé de madeira, e a mãe e a filha mais velha, minha aluna, estavam fazendo faxina. Todas as janelas estavam abertas, com o varal cheio de roupas, um cheiro de desinfetante de flores me recebeu. Sentei e ouvi um pouco da história daquela mãe. Seis filhos que ela criava sozinha. A casa era acolhedora. A mãe sorria o tempo todo. Aquela visita me deu uma esperança de que as coisas poderiam ser boas em alguns dias.

Nunca fui pessimista, mas eu sabia que, muitas vezes, a vida não era feliz para todos os meus alunos, e visitar suas casas, geralmente, me trazia mais incômodo do que tranquilidade. Eram pedaços da vida deles que eu invadia e sobre os quais tinha que fazer relatórios.

Algumas vezes, enquanto fui diretora de escola, tive que visitar algumas famílias para, de certa forma, pedir-lhes ajuda a fim de conseguir lidar com algumas crianças. Nunca tive medo, mesmo quando as casas estavam em lugares aparentemente mais perigosos. Conheci mães, pais, tias, madrastas, mas as avós eram as que mais me comoviam. Muitas vezes, quis chorar junto dessas avós que precisavam passar pela maternidade mais uma vez, agora já idosas e sem força ou capacidade para entender a adolescência dos netos, assombradas por histórias de família trágicas, com medo de não serem suficientes, mas com um amor imenso. Essas casas de avós sempre tinham um fogão a lenha e um chimarrão pronto.

Quando eu fazia visitas para discutir o comportamento dos alunos, as famílias sempre me pediam desculpas. Desculpas por fazer eu perder meu tempo indo até lá, desculpas pelos filhos indisciplinados, desculpas pela casa nem sempre apresentável, desculpas por não poder mesmo fazer muita coisa. Eu tentava não chegar nessas casas julgando, mas tentando levar uma proposta de acolhimento para os jovens. Nem sempre dava certo, mas eventualmente deu.

Agora, escrevendo este texto, muitas dessas visitas passam pela minha mente. Imagens que acabam por reaparecer de onde estavam guardadas. Fico pensando se essas pessoas se lembram de mim. Que impacto tiveram com a minha visita, que esperanças eu permiti que surgissem? E que esperanças morreram quando eu dei as costas?

Até hoje preciso fazer visitas domiciliares. Com o tempo de atuação, quase trinta anos, aprendi a ler um pouco melhor as pessoas e o ambiente. Muito mais do que antes, hoje me permito me surpreender mais, tento não fazer um prejulgamento, sei esperar para ver. Em todas as vezes, a realidade me transpassa e eu enxergo muito da minha vida na vida e nas dores daquelas pessoas. Pensando bem, enxergo mais meus privilégios. E o impacto que essas vidas tiveram sobre mim.

Todo professor tem que ter uma greve para chamar de sua

Peguei uma bolsa pequena e a coloquei atravessada no peito. Há quanto tempo eu não usava uma bolsa assim? Precisava das minhas mãos livres. Não era para dançar ou para seguir procissão. Eu estava indo para uma greve.

Fui andando, porque não queria estacionar no centro.

Já era professora há mais de vinte anos e já tinha participado de muitas greves, como qualquer professor de escola pública. Mas não era a greve, era a bolsa. Aquela bolsa a tiracolo atravessada no peito me fez jovem de novo.

Fazer greve não é uma coisa boa ou desejada por qualquer trabalhador, mas, em alguns momentos, não há alternativas, mesmo que todos saibam que, no final, vamos conseguir muito menos do que gostaríamos.

Essa greve que eu vou narrar, em especial, durou em torno de um mês. Greve é uma coisa difícil quando você tem um cargo de chefia, parece que não pode participar. Eu era coordenadora pedagógica e até metade da greve fiquei na escola, meio que para segurar o forte para os outros poderem ir. Mas, em um dado momento, não consegui mais aguentar e também comecei a bater o ponto na frente da prefeitura.

Tem gente que acha que fazer greve é ficar em casa e não ir trabalhar. A greve é um trabalho por si só. Todos os dias chegávamos cedo na frente da prefeitura, ocupávamos o espaço do pátio, conversávamos, cantávamos, gritávamos palavras de ordem. No outro dia era tudo de novo. Também íamos para a câmara de vereadores quando tinha sessão ou fazíamos caminhadas no centro da cidade.

O prédio da prefeitura tem dez andares. Em um dos dias, entramos pelas escadas e subimos até o décimo andar, cantando, tocando instrumentos barulhentos, batendo palmas, fazendo todo o barulho que podíamos fazer. O som, o barulho, era como uma energia que passava por dentro do nosso ser e ressoava no prédio todo.

A greve é um movimento assim enérgico, feliz e triste ao mesmo tempo. Cada dia longe da escola deve ser recuperado pelos professores; cada dia no movimento fortalece nossos ideais. Tivemos uma aproximação importante enquanto classe, enquanto grupo da escola também.

Eu disse que participei de muitas greves e paralisações ao longo da minha carreira, mas por que essa foi diferente? Não era só salário, era uma indignação coletiva de um grupo de pessoas que teve totalmente negada a sua participação na proposta pedagógica da educação. Um dia a gente estava lá, tudo normal; no outro, ficamos sabendo de que muitas das coisas sobre as quais trabalhamos iria sofrer mudanças, sem questionamento, sem perguntas, assim: por decreto.

Esse golpe me atingiu muito profundamente, porque eu sentia que era não apenas uma traição para com toda a categoria, mas também para mim, a coordenadora pedagógica. Quando eu soube do ocorrido, fiquei sem chão. E pensava, durante todo esse ano: quando as pessoas pensavam sobre isso, quando decidiram isso, onde é que eu estava? Foi como se um tapete tivesse sido puxado, e pessoalmente me doeu muito. Depois disso, ninguém mais se importava se a proposta era boa ou ruim, se tinha ou não qualidade – ela já estava errada na origem. Essa traição foi o que fez com que a greve fosse tão longa e tão forte.

Em muitas greves, eu participei por melhores salários e condições de trabalho, mas essa foi por orgulho. Não vaidade, mas orgulho ferido. No momento em que a proposta chegou, não éramos mais nada, apenas peças para serem jogadas.

Vocês podem perguntar: Mas não é sempre assim na Educação? Não somos sempre peças de um jogo sem regras? Sim, penso que somos, mas, na maioria das vezes, vislumbramos uma certa autonomia dentro da escola, dentro das salas de aula. Uma proposta pedagógica que se pretende inovadora não pode sair errando na largada. Nessa greve, o secretário de Educação caiu, e a cadeira foi assumida por uma pessoa mais razoável. No entanto, os erros continuavam sendo cometidos, como se fosse uma herança maldita.

Essa greve me rejuvenesceu de muitas maneiras. Fez com que eu me reaproximasse de mim, no período de quando comecei a trabalhar na Educação; me aproximou da educação democrática, das minhas colegas, da minha escola. A indignação das pessoas, e a minha própria, me ensinaram a compreender mais profundamente a necessidade da participação democrática sempre.

A professora nasceu em mim

Se em algum momento eu disser que sempre quis ser professora e que esse era o meu dom, estarei mentindo. Tive, ao longo da vida, muito mais incertezas do que certezas sobre isso.

Ser professora foi algo que caiu no meu colo como uma possibilidade, quando o técnico do time de handebol em que eu jogava disse: "Tu vais estudar na escola X e fazer magistério, porque eu consigo uma bolsa de estudos pra ti lá e tu vais poder continuar jogando handebol".

Eu disse: "Então, tá! Eu vou. Obrigada!". E fui.

Não foi assim definitivo. Lembro-me de ter questionado, sugerido outras possibilidades, conversado com pessoas, mas, lá no fundo, eu sabia que era a melhor opção. Não era a única. Existiam outras possibilidades, mas elas exigiriam um pouco mais dos meus pais, que não tinham dinheiro; ou um pouco mais de mim, que não queria fazer grandes sacrifícios aos 15 anos.

Então eu fui. Joguei handebol e estudei para ser professora.

Sempre fui uma boa estudante, não tinha dificuldade em aprender o que me ensinavam, mas não me lembro de ficar encantada com a coisa toda. Tanto que em Didática nunca tirei mais de sete, não importava o que eu fizesse, era sempre sete. Acho que os professores percebiam que eu não dava tudo de mim.

Imagino a conversa dos meus professores no conselho de classe: "E a Joice? A Joice faz as atividades, mas não parece muito interessada. Pois é, um desperdício. Ela tem potencial, mas não se esforça. Poderia ir tão longe se apenas se dedicasse mais".

Eu nunca gostei desse sete, porque eu me achava melhor do que isso. Até no estágio supervisionado eu só tirei sete. Bem, de alguma forma devo ficar feliz com esse sete, porque quase não terminei o estágio. Só finalizei porque a supervisora ficou doente e não foi não me visitar nas últimas semanas, mas essa parte conto em outro momento. Agora vou falar de quando me assumi professora. E aparentemente não foi no estágio.

Depois de formada no magistério, fiz o que se esperava de mim: prestei concurso para a rede municipal da cidade onde moro. A cidade estava em crescimento e a rede pública em franca expansão. Todas nós que fazíamos magistério – não tinham meninos – sabíamos o que esperavam de nós. Passei em 11º lugar no concurso. Eu disse que era uma boa estudante. Fui designada para uma turma de alfabetização numa escola de um bairro da periferia. Era o segundo ano de funcionamento daquela escola. Uma escola recém-construída, uma escola modelo então.

Cheguei e olhei para aquele prédio retangular. Do lado de fora, parecia um grande galpão. A parede era de tijolos aparentes, não tinha reboco. Um prédio novo que parecia velho. Quando entrei, vi que as paredes internas também não tinham reboco. Tudo era marrom tijolo ou cinza cimento. Havia uma quadra esportiva, um palco. Do lado esquerdo, arquibancadas, e todos os outros lados, por dois andares, eram salas de aula e outros espaços pedagógicos. Do lado de fora, um espaço estéril de areia e um barranco cercado.

Dentro das salas de aula, as paredes eram pintadas, menos uma. A parede do fundo era de tijolo à vista. Perguntei o motivo para alguém, que me respondeu que era para os alunos sentirem-se em casa. A casa deles não deveria ser pintada. Hoje, penso que o prédio foi projetado por um arquiteto que colocou trabalho e intenção ali. Os detalhes finais foram pensados com o pessoal da Secretaria de Educação. E várias cabeças juntas pensaram que as salas de aula deveriam se aproximar dos seus usuários. Isso era o máximo que conseguiam pensar nos alunos como sendo o centro do processo educativo nos anos 1990.

Minha primeira turma tinha vinte e uma crianças. A sala era pequena e recebia o sol da tarde. Escolhi uma turma do período da tarde, porque a única da cidade toda que tinha aula pela manhã, deixei para minha amiga que estava mais abaixo na chamada do concurso, e eu sabia que ela precisava. Então, aquele calor todo ainda era minha escolha, né?

Minha primeira turma naquela escola cor de tijolo e poeira tinha crianças lindas. Lembro-me dos olhos escuros e assombrados de uma menina magrinha; das sardas do menino mais briguento; do peito estufado de um menino franzino que não queria sentar; de um loirinho pequenininho que, depois, descobrimos que não tinha idade para estar lá; de um único que já sabia ler e escrever; da menina quase índia de olhos verdes e longos cabelos que ficou muito triste quando cortei os meus cabelos bem curtos e, por isso, eu não iria mais pro céu; da ruivinha sorridente; da menina espevitada que tinha perdido sua irmãzinha por uma batida na cabeça; da menina que ingressou depois e me chamava de tia, sendo repreendida por todos; da criança que eu não sabia o que tinha, mas não conseguia comer sozinha e sujava o rosto todo; do menino mais alto que queria por toda a sorte acertar. Eu não sabia o que estava fazendo a maior parte do tempo, mas eles também não sabiam que eu não sabia e confiavam em mim.

Sei que depois de um tempo me sentia como a Professora Maluquinha, do Ziraldo. Corajosa, impetuosa, impossível de parar.

Então, ao final daquele ano letivo, eu já tinha minha vida tomada pela ideia de ser professora e minha mentora era uma personagem de literatura infantil.

E os estagiários, que nem são gente?

Naquele ano, eu estava com uma turma do 3º ano. Meus alunos deveriam ter 9 anos, mas muitos eram mais velhos. Deram a turma mais difícil para a estagiária, né? Não me lembro das meninas, mas alguns dos meninos foram inesquecíveis.

Já se passaram trinta anos, mas lembro de muitos momentos na minha mente. Eu não entendia claramente o sentimento, mas não me sentia acolhida. Tinha uma supervisora de estágio, mas a diretora também pedia para olhar o meu planejamento toda semana. Ia para a casa da minha melhor amiga no final da tarde para chorar, que, por acaso, era do lado da escola.

O problema não eram as crianças. Elas entendiam a minha juventude e eu entendia a "velhice" delas. Juro que um dos meninos tinha mais tempo de vida dentro dele do que eu. Seus olhos eram profundos e antigos. Eu tinha toda a informação de como ser uma boa professora, mas, com eles, não funcionava. Eu seguia o instinto. Só que isso não me atribuía muitos pontos nos relatórios.

Depois de uma de suas últimas visitas, a supervisora disse que eu deveria liberar os alunos para o recreio e ficar na sala com ela. A aula que ela observou tinha sido sobre piolho. Tínhamos feito um texto coletivo que os alunos copiaram. Para mim, tinha sido ótimo.

Ela falou muitas coisas, mas só lembro dela dizendo: "O que você ensinou hoje? Nada!".

Como uma boa estagiária, eu entrei em pânico. Depois de pensar e chorar por alguns dias, num gesto de desespero, me encostei no quadro verde e contei para meus alunos a verdade. Contei que a supervisora me tiraria da turma se eles não se comportassem na próxima aula, que eu teria que ir embora. E funcionou. Quando a supervisora chegou, eles se comportaram impecavelmente. Nosso teatro surpreendeu a supervisora, uma freira católica, que acreditou em tudo. Depois, ela ficou doente e não me visitou mais.

Entreguei os meus relatórios, me abracei no meu sete e, na sexta-feira, 13 de julho de 1990, me formei. As crianças me salvaram naquele dia, mas aquilo não fez muito pela minha autoestima. Eu não acreditava que algum dia seria uma boa professora.

Mesmo com o diploma, ainda era estagiária no contrato com a prefeitura e teria que ser observada pela diretora da escola até o final do ano. Uma vez por semana, ela se sentava no fundo da sala e assistia às aulas. Eu também tinha que mostrar o caderno de planejamento pra ela, toda semana. As crianças continuaram me protegendo e eram extremamente educadas quando ela estava lá. Não consigo me lembrar também se eram difíceis quando ela não estava, mas estavam sempre barganhando comigo por privilégios. Nossa turma tinha mais horas de Educação Física, mais arte e música, tempo livre de leitura na rua quando estava quente ou não.

Um dia, um dos meus meninos machucou a mão e a diretora disse que eu deveria levá-lo ao hospital. Ela mandou, eu fui sem reclamar. Só que eu não tinha carro nem tinha trazido dinheiro suficiente. A escola ficava no alto de um morro, bem no alto mesmo, dava para ver quase toda a cidade de lá. Tomamos o ônibus e fomos até a minha casa. Lá peguei mais dinheiro e um amigo meu nos deu uma carona para o hospital. Fomos atendidos, foi feito um raio x, descobrimos que só tinha sido uma entorse e voltamos. Não tinha ônibus para o bairro naquela hora e pegamos outra linha que nos deixou no sopé do morro. Subimos tudo andando. Quando chegamos, as aulas já tinham terminado e tudo o que me disseram foi: "Por que demorou tanto?". Questionei se a diretora da escola tinha carro. Pois bem, um fusca branco que ficou tranquilamente estacionado no pátio todo esse tempo.

Para o menino, foi um passeio. Eu me sentia na história da Cinderela, coberta de fuligem, uma heroína trágica, mas, de certa forma, conformada com o meu destino.

O interessante ao recordar dessas histórias é não ter me dado conta do abuso por muito tempo. Tudo era sorriso naquela escola, mesmo quando eu via algum aluno amarrado na cadeira. Cada vez que essa memória me retorna, vejo uma nova nuance, mais perversa. Não era assim quando eu a vivi? Ou era?

Sinto simpatia pelos estagiários desde sempre. Quero que eles sejam felizes, que se sintam reconhecidos e que se aqueçam para a profissão de professor. Sei que muitos têm dúvidas a respeito da profissão, eu mesma tinha.

Anos depois, fui estagiária no curso de Letras e me sentia bem, me sentia gente também.

Tudo passa pela poesia

— Professora, hoje eu vi poesia na rua.
— Você viu? Então me conta.
— Tinha uma velhinha que estava carregando britas para dentro de casa com um baldinho de criança. Ela ia pra rua, enchia o baldinho, entrava no pátio, esvaziava o baldinho e começava de novo. Fiquei olhando por um tempo e pensei que triste que ela viveu a vida toda e não tinha ninguém para carregar aquelas pedras para ela. Isso é poesia, né, professora?

Quando dava aulas de língua portuguesa, acreditava que a capacidade de escrita dos meus alunos estava intimamente ligada àquela que eles tinham de compreender o seu corpo e o mundo ao redor. Eles escreveriam melhor se pudessem lidar melhor com a sua adolescência, com seu corpo e com os seus sentimentos. Por isso, nas minhas aulas tinha muita literatura, poesia, música e expressão corporal. Os alunos não entendiam inicialmente e pensavam que eu era um pouco maluca e, ao achar que estavam se aproveitando da minha maluquice para apenas brincar, aprendiam.

Eu gastava bastante dinheiro comprando livros e tinha uma biblioteca na sala de aula, a qual eu chamava de laboratório de língua portuguesa. Os livros de poemas eram os que eu mais comprava. Tinha desde poesia infantil, grandes autores brasileiros e autores estrangeiros. Os alunos sempre podiam ler o que queriam e todos os dias tinham uns quinze minutos livres no início da aula para isso.

Toda semana tinha aula de poesia. Uma das tarefas de que eu mais gostava era a de declamação. Cada um tinha que escolher um poema e declamar, usando o corpo todo, não só a voz. Os mais tímidos, eu permitia que declamassem em dupla. A primeira declamação era na sala de aula. Nesse dia, fazíamos uma avaliação da performance e dávamos sugestões. A segunda era para a escola. Os alunos iam até as outras salas de aula, na direção, na biblioteca.

Depois, saíamos pela rua e eles declamavam em frente às casas, nos pontos de ônibus, nos mercados, dentro do ônibus.

Acontecia muita coisa interessante. Numa das vezes, dois alunos voltaram com um vaso de violeta e resolveram cuidar dela juntos. Um menino foi declamar para um homem que estava trabalhando na frente de casa e demorou para voltar. Quando voltou todo entusiasmado, me contou que o homem disse que também queria declamar um poema e declamou uma poesia gauchesca enorme. Sempre fomos bem recebidos.

Nos finais de semana, eu e a Andrea levávamos nossos alunos para o centro comercial da cidade para fazer Arrastão Poético. Os alunos tinham uma rede e enrolavam nas pessoas para declamar. Minha amiga que teve a ideia, inspirada nos "arrastões" que aconteceram nas praias do Rio de Janeiro na década de 1990. O arrastão verdadeiro não era nada poético, mas o pensamento do que poderia ser politicamente correto não estava no nosso radar naquela época. Durante alguns anos, fazer um arrastão poético virou até moda entre as escolas da cidade.

Uma vez, fiz com os meus alunos o que chamávamos de cigarros poéticos. Vejam só, nenhuma consciência do politicamente correto de novo. Escrevia-se os poemas em pedaços de papel, enrolava-se como um cigarro e colocava-se nas carteiras de cigarro que recolhíamos pela rua. As carteiras eram forradas e decoradas. Oferecíamos para as pessoas um cigarro de poesia. Em minha defesa, estávamos nos anos 1990 e eu era cheia de iniciativa. Os cheios de iniciativa acabam sendo os mais perigosos, não é?

As relações entre nós eram mediadas pela poesia, pela palavra, pela escrita. O tempo passa e a gente vai fazendo outras coisas na vida e na escola. Não sei se melhores ou piores. Eu nem sabia que tinha tanta saudade desses dias.

Vejo aqueles dois meninos, duros, teimosos, jogadores de futebol, girando e declamando Fernando Pessoa.

Eu não poderia ter escolhido outra profissão.

Os alunos que eu perdi

Nessa vida de professora, quando milhares de crianças passam por nós, não são todos que permanecem na memória. Nas minhas lembranças encontro muitos alunos, mas sei também que há alguns que irremediavelmente perdi. Quem dera eu os tivesse perdido nas lembranças. Não. Eu os perdi na vida mesmo.

Bem no início da minha carreira, eu era professora de língua portuguesa do 5º ano. A menina morava com a avó. Tinha um cabelo cacheado, uma pele clara e sardas no nariz. Era uma aluna comum. Um dia, quase no final do ano, eu descobri que ela não conseguia interpretar nada. Não entendia o que lia. Fazia relações confusas e não respondia coisa com coisa nas provas. Um desastre. Como professora dedicada que eu achava que era, tentei de todas as maneiras "recuperar" aquela aluna. Deixei-a em recuperação terapêutica por duas semanas, mas, no final, ela fez uma prova na qual não acertou nenhuma questão e foi reprovada apenas em língua portuguesa. Só em língua portuguesa a menina não sabia nada. Por quê? Eu olhava para aquelas provas e não conseguia entender o que tinha acontecido. Quando entregamos o resultado final, a avó veio falar comigo e pediu para ver as provas. As duas choraram muito e, no ano seguinte, ela já não estudou mais lá.

Demorou um tempo na carreira para que eu pudesse analisar essa lembrança. Assumo total responsabilidade por aquela reprovação, é claro, mas não posso deixar de acolher um pouco aquela professora que eu fui. Eu estava sozinha para decidir. Se eu dissesse que a aluna estava reprovada, ela estava reprovada. Ninguém iria questionar minha decisão, assim como não questionaram qualquer outro professor. Naquele tempo, eu achava que isso era bom, que isso demonstrava o quanto todos acreditavam na minha competência, no meu valor. Eu achava que esse poder demonstrava que eu era valorizada como professora.

Só depois, quando olhei para aquele dia como uma lembrança, percebi que estava sozinha. Tive medo, e compreendi que queria que alguém tivesse me ajudado a entender, que tivesse olhado para aquelas provas junto comigo e me feito algumas perguntas. Essa lembrança moldou um pouco a minha atuação como coordenadora pedagógica. Nenhum professor deve estar sozinho, isso não é poder, é mais um dos elementos de precarização do trabalho docente.

Outro dos meus perdidos foi um menino.

Tínhamos um projeto de reclassificação na escola. Os alunos com defasagem idade-série participavam de aulas extras e tinham a oportunidade de serem reclassificados para o ano seguinte. O projeto era muito mais detalhado que isso, mas não vou me deter nele, preciso falar sobre o menino, porque a memória dele está gravada em mim para sempre.

Ele entrou no projeto quando estava no 8º ano. O objetivo era que no meio do ano ele passasse para o 9º e pudesse concluir o Ensino Fundamental. Acho que ele já tinha uns 16 anos. Pois bem, participou das aulas extras e os professores disseram que estava apto para ser reclassificado. O próximo passo era conversar com ele para ver se queria mesmo, porque não reclassificamos ninguém à revelia.

Conversei com ele, que me disse que não queria, preferia ficar com seus amigos. Eu não entendi essa resposta e insisti bastante. Alguns professores também falaram com ele, mas ele continuou dizendo não.

Então, eu respeitei a decisão dele e fiz o processo com os outros alunos que queriam. Mais ou menos um mês depois, ele me procurou e disse que gostaria de fazer o avanço para o ano seguinte. Eu disse a ele que não, afinal, o período de reclassificação já havia passado, o projeto não era uma bagunça, que não podia trocar os alunos quando desse na telha e tudo mais. Alguns professores vieram falar comigo e eu argumentei o que pensava. Coloquei o assunto na reunião da equipe gestora da escola e eles acabaram concordando comigo, que o menino havia perdido a sua oportunidade.

Ele frequentou aquele ano até o final e, no ano seguinte, deixou a escola para trabalhar. Eu sempre soube que a situação da família dele era difícil. Todos sabíamos. Então ele deixou a escola sem terminar o Ensino Fundamental.

Nunca me esquecerei disso. O restante da equipe também concordou com a minha argumentação e assumiu a responsabilidade junto comigo, mas sei que poderia ter mudado a decisão. Poderia ter sido mais flexível, poderia ter tentado acolher o medo daquele jovem quando ele estava tomando a decisão, poderia ter ouvido o apelo dele quando teve coragem.

Não posso dizer que era jovem, como no primeiro caso, nem posso dizer que estava sozinha para decidir. Não encontro desculpas satisfatórias para a minha consciência.

Não carrego culpa, embora possa parecer. O que eu carrego é outra coisa. Um pesar por ter errado e um medo de errar de novo. São esses dois sentimentos juntos porque preciso ter certeza de que sempre que eu tomar uma decisão, é necessário que eu pense muito bem no que ela significa para o outro lado.

Os livros *Artes da palavra* e *Nas margens da poesia*

Eu era a professora de Língua Portuguesa do 5º ano e tinha uma sala só para mim: uma sala temática. Nela, montei uma biblioteca e enchi as paredes com frases dos alunos. Sempre acreditei que todos eles poderiam dizer coisas importantes.

Uma das tarefas semanais era escrever sobre um tema. O título era "O que eu penso sobre..." e os alunos escreviam sobre amor, tristeza, saudade, poesia, adolescência e um monte de outros temas. Depois das escritas, vinham as leituras. Eles liam os textos uns dos outros e tinham que sublinhar frases bonitas. As frases escolhidas iam para as paredes. Eram citações deles mesmos.

O que eles escreviam era tão lindo que a ideia de editar um livro com os textos foi tomando forma na minha cabeça. Fiz uma pesquisa com editoras e fechei um valor. A edição seria de mil cópias de um livro de cem páginas.

Mas como conseguir o dinheiro? Criei a campanha Adote um Jovem Escritor. Os alunos, eu e alguns amigos saímos em busca de patrocinadores e cada um adotava um aluno e contribuía com R$ 20. Alunos e patrocinadores ganhavam uma cópia do livro, sendo que estes eram citados ao final do livro. Veja só! Em 1991, fizemos um *crowdfunding*.

O livro se chamou *Artes da palavra* e a capa era composta pelo título escrito várias vezes. Todos os alunos escreveram uma vez. No ano seguinte, teve o segundo: *Nas margens da poesia*. Até hoje, encontro ex-alunos que participaram dessas propostas e lembram com carinho de tudo o que fizemos.

Sempre acreditei que as crianças e os adolescentes tinham muito a dizer. Sempre me alegrei em ler seus textos e sentir suas ideias. Nunca achei que o que eles pensavam era algo simples apenas porque eram jovens. Essas frases: "Escrever é sentir vontade de se comunicar com a vida" ou "Quem escreve é como se fosse um rei" não são citações de grandes autores, mas de jovens de 11 anos que foram incentivados a escrever o que pensavam.

As aulas de Português eram momentos em que todos eles podiam ser criativos e acolhidos, podendo se expressar da forma que queriam. Eu era muito feliz com aquelas crianças e elas eram felizes de volta. Retroalimentação.

Mas nem tudo foram flores e poesia. Há uma história que eu gosto de contar para nunca me esquecer. Na escola, só tinha um computador com editor de texto. Isso nos idos de 1996. Na secretaria da escola só tinha máquina de escrever. Os alunos só lidavam com lápis e papel. Mas nessa escola, havia um projeto da prefeitura no qual os alunos aprendiam a linguagem LOGO. Os computadores eram pequenos e rodavam em TVs. Esses só serviam para trabalhar com o referido programa. Esse único computador com editor de texto estava no laboratório e só a professora de lá sabia mexer. Não era como hoje que os sistemas falam com a gente.

Eu precisava digitar os poemas dos alunos para enviar para a gráfica. Combinei com a professora responsável pelo laboratório que usaria aquele computador no horário do almoço. Ela me mostrou como ligar e disse que eu deveria escrever *word* para abrir o editor de texto. Só que essa orientação ela me deu falando, não por escrito. Fui lá e digitei *world*. E não funcionou. Perdi meu almoço e alguns neurônios tentando entender em que eu havia errado.

Quando ela voltou à tarde, perguntou: "Funcionou?", no que eu disse: "Não, eu escrevi *world* e não abriu nada".

Ela foi comigo até o computador e digitou *word* e disse: "Viu! Funcionou".

Eu quase morri de vergonha. Eu que já tinha viajado por metade do Brasil, que estava na faculdade, que queria escrever um livro com os alunos, derrubada por um l. Um simples l que transformou "palavra" em "mundo".

No fundo, tinha uma licença poética ali. Eu queria que as palavras dos meus alunos ganhassem o mundo. O erro foi consertado, mas a associação ficou comigo no coração.

Os dois livros tiveram lançamentos importantes. Noite de autógrafos, coquetéis e reportagem no jornal. Imaginem que passamos uma aula treinando dedicatórias e assinaturas para não fazer feio na noite dos autógrafos.

Assim como eu guardo com carinho esses livros autografados, penso que esses alunos, que agora são adultos, também guardam. Fico imaginando quantas lembranças felizes vêm à mente deles quando pegam, por acaso, esses livros na mão. O que falam para seus filhos? Como explicam nossas aulas? Que sentimentos têm quando pensam sobre aqueles dias?

Acho que nunca tinha pensado em quantas boas memórias eu havia guardado. Acho que este seria um bom epitáfio para mim: "Está junto a muitas memórias felizes pelo mundo afora". Pode alguém querer mais da vida do que isso?

Língua, literatura e mídias

Quando mudei de escola, fui trabalhar na biblioteca. Como professora encarregada desse espaço, atendia aos alunos uma vez na semana, fazia a retirada de livros e orientava a leitura. Parecia pouco... Daí eu inventei os filmes.

Eu estava com turmas de 6º ou 7º ano. Não me lembro bem. Propus a eles: "Vamos fazer um filme?". Filmamos quatro: A ilíada, A odisseia, Eros e Psiquê e a História dos deuses gregos. Quando eu tenho uma ideia, nunca é simples.

Os livros que usamos de base já eram adaptações, lógico. Definimos os papéis e todos participaram. Filmamos com uma câmera grande que usava uma fita pequena. Claro que não era filmagem digital. Depois de pronto, foi digitalizado e editado.

A locação foi a casa de uma professora que tinha bastante mato. Os figurinos foram confeccionados com tecidos de diversas cores, que seriam amarrados no corpo. Os acessórios foram feitos de papelão e pintados com tinta *spray* dourada. Tinha tanto ouro naquele *set* de filmagem... E tinha armadura e espadas também. As cenas de batalha foram épicas. Todos os professores da escola ajudaram, incluindo a professora de Arte, que auxiliou muito nos acessórios e no troféu do festival. Depois dos filmes prontos, fizemos uma sessão no auditório da universidade próxima para toda a comunidade e distribuímos troféus para o melhor filme, ator e tudo mais. Foi quase a entrega do Oscar. Todos os alunos receberam cópias em DVD dos filmes.

Não fazia nada sozinha. Sempre, nas escolas em que eu trabalhei, todos ajudavam. Esses filmes não eram produzidos para que eu pudesse mostrar alguma coisa minha. Sempre quis que meus alunos aparecessem, que fossem vistos e ouvidos, que acreditassem que eram muito. Desse jeito, eu era muito junto com eles.

Neste período na biblioteca, eu também fiz outros filmes. Um que me lembro com muito carinho é *Pluft, o fantasminha*. Contei a história para uma turma de 2º ano. Eles gostaram tanto que eu adaptei a história para a quantidade de alunos da sala. Eles interpretariam o personagem que quisessem. Só para o Pluft tinha uns seis. Cada personagem tinha algumas características de vestuário. Então, mudava o ator, mas a sequência da história continuava.

Num 5º ano gravei dois contos humorísticos, O caso do espelho, de Ricardo Azevedo, e Chatear e encher, de Paulo Mendes Campos. A gente se divertia muito e os alunos conseguiam se ver na tela. Além disso, as histórias deixavam de ser apenas letras num papel e se transformavam em vida, cor e som.

Isso tudo aconteceu na primeira década dos anos 2000, quando eu trabalhava na escola Affonso Penna, bem próxima à minha casa. Passei três anos na direção de lá, mas o restante do tempo era professora mesmo. Esse tempo de sala de aula foi muito mais divertido do que a direção.

Outra coisa que os alunos adoravam era gravar histórias de terror. Eles escreviam as histórias mais aterrorizantes que conseguiam. Depois, a gente gravava na sala de aula mesmo. Enquanto uns filmavam, os outros ficavam bem quietinhos escutando. As gravações tinham também sons assustadores, mas a gente também procurava na internet ou eles mesmo os faziam. E os gritos? Alguns alunos eram especialistas em gritos ou gargalhadas assustadoras e faziam pontas na história dos outros.

O tema do terror é adorado pelos adolescentes. Teve um ano em que escrevemos uma história de RPG com o tema de um cemitério. Foi uma loucura controlar a narrativa, porque, como eu sempre fiz, todos os alunos escreviam um pedaço da história. Então escrevemos juntos o início e terminamos com duas opções. Algo como ou entrar no cemitério sozinho ou ir chamar os amigos. Duas crianças foram escolhidas para escrever cada uma das alternativas e terminar com mais duas opções. Então, vejam só a progressão. Uma história abriu para duas, duas para quatro, quatro para oito, oito para dezesseis, e assim foi até encontrarmos um final. A história tinha dezenas de finais. Depois de tudo escrito, foi passado para o computador. Os alunos escreviam, desenhavam e criavam *links* para cada pergunta que abriria a próxima parte da história. Levamos o ano todo para conseguir finalizar. Ficou pronto, lindo e muito interessante. Hoje, nem sei onde foi parar essa história, seus monstros, zumbis e fantasmas. Decerto, anda assombrando o mundo virtual.

Em outra ocasião, com o 6º ano, fizemos diários virtuais. Cada aluno tinha um blogue no qual escrevia o que quisesse. Uma vez na semana, íamos ao laboratório de informática e acessávamos os blogues para contar coisas da adolescência, seus interesses e suas ideias. Tinham coisas muito legais. Outra tarefa era visitar os blogues dos colegas, ler, deixar comentários ou até corrigir alguma coisa que estivesse errada.

Essa escrita livre e desorganizada (diziam meus colegas) gerava muitos textos e eu nem sempre conseguia ler todos. Apareceu seu quinhão de erros de ortografia ou gramática. Posso dizer que a discussão foi acalorada. Os outros professores queriam que eu só deixasse publicar os textos que haviam sido corrigidos, porque (palavras deles) os erros dos alunos estragavam a imagem da escola. Não era bem assim, mas alguma coisa próxima disso.

A escrita que eu desejava era a escrita livre e a correção dos erros de ortografia viria da necessidade de escrever bem, nascida do desejo de ter um blogue legal e que pudesse ser lido por todos. Formatar essa escrita eliminaria a espontaneidade da proposta e transformaria os diários virtuais em trabalho de escola, como todos os outros. Foi uma boa peleia. Não mudei a proposta original, mas levei a discussão que surgiu entre os professores para o conhecimento dos alunos, que participaram do debate propondo ajustes e outras soluções.

Sempre fui e sou em defesa da livre expressão.

Alfabetizando pelo corpo

Essa turma de alfabetização vai morar na minha memória para sempre. Eu estava dando aula na escola bem ao lado de minha casa. Uma escola antiga que dificilmente tinha vaga, porque muita gente queria que seus filhos estudassem nela e os professores trabalhavam lá até se aposentar. Depois de muito pedir, consegui uma vaga para mim. Era a escola na qual eu havia estudado quando criança.

Minha sala de aula ficava no segundo andar do prédio novo. Lembro-me de um menino agarrado na grade de proteção do corredor. Todos o conheciam, porque, teoricamente, ele deveria ser terrível. No primeiro dia, apenas vi um menino inseguro.

Posso dizer que essa turma foi alfabetizada através do corpo. No ano anterior, eu tinha terminado minha licenciatura em Letras e o meu trabalho de conclusão tinha sido sobre a influência da corporalidade na escrita poética de alunos do 5º ano. Queria experimentar minhas ideias nessa turma de alfabetização.

Desde a primeira semana, cantamos, fizemos teatro, lemos poemas, admiramos obras de arte que retratam o corpo de diversas maneiras, fizemos autorretratos, repetimos alguns quadros de Matisse com o corpo e até fizemos um livro com os dizeres populares que utilizam partes do corpo, como: mão furada, perna de pau, olho gordo, olho maior que a barriga, cabeça de vento, pé rapado, entre outros.

Naquele ano não teve família silábica nem recitação do alfabeto. Toda segunda-feira tinha leitura de jornal, toda quarta-feira tinha teatro livre, toda quinta-feira tinha pesquisa em grupo. A turma tinha um diário das aulas e um jornal semanal. Não tinha um dia triste.

Só uma menina não estava alfabetizada no final do ano letivo. Até hoje me lembro dela e penso o que poderia ter feito a mais para que ela não tivesse que ser reprovada. Em 1999, ainda tínhamos que reprovar no 1º ano.

A escola era tradicional e muitos pais vieram conversar comigo para entender por que no jornal da turma tinha letras faltando em algumas palavras e por que as primeiras palavras que eles aprenderam foram partes do corpo. Expliquei para eles os níveis de escrita a partir da teoria de Emília Ferreiro. O que eles entenderam, não sei.

Quando lembro dessa turma em especial, na minha mente sempre aparecem olhos brilhantes. Aquelas crianças tinham um brilho apaixonante que eu nunca queria apagar. Elas se jogavam nas propostas como se a escola fosse para ser daquele jeito mesmo, cheia de teatro e não de exercícios de repetição. Elas acreditavam em mim, mesmo quando eu tinha dúvidas.

Quarta-feira à tarde era o dia do teatro. As crianças montavam cenas em pequenos grupos, às vezes apresentavam para os colegas, outras vezes não. Tinha um grupo de meninos que jogava Pokémon, uma menina que adorava uma brincadeira de ser cachorro, outra ia atrás de uma caixa e brincava que estava na televisão. Os colegas trocavam os canais e ela sempre conseguia acompanhar. E eu ficava observando, encenando ou só meio hipnotizada por tudo. As crianças nem percebiam quando alguma outra pessoa entrava na sala. Só eu. Não sabia se tinha que justificar a bagunça, explicar a atividade ou me desculpar pelo barulho. Na maioria das vezes, eu apenas sorria e não dizia nada sobre a aula, para nem puxar conversa.

Nossa pesquisa semanal era sobre animais. Poucos alunos estavam alfabetizados, então muita gente achava que não daria para fazer a pesquisa sozinhos. Cada um escolheu um animal. Eu tinha muitos livros e enciclopédias. Eles folheavam, liam um pouco e tentavam registrar o que aprenderam. O objetivo era que cada um pudesse aprender a cada dia pelo menos uma coisa sobre o seu animal. Depois que aprendiam uma coisa nova, registravam e desenhavam e, assim, íamos montando um livro sobre as suas descobertas. Para finalizar a pesquisa, fizemos uma feira e apresentamos os trabalhos para outras turmas.

Depois dessa experiência, meu trabalho foi sempre com alunos mais velhos. Acho que é por isso que guardo com tanto carinho essas lembranças. Dava para ensinar e ser bem feliz, tudo ao mesmo tempo.

Violência na escola

A violência na escola pode ser tão sutil que nem percebemos ou, se sim, conseguimos simplesmente não falar sobre ela, rezando para que desapareça. Não estou falando sobre a violência física entre os alunos ou, até mesmo, entre alunos e professores. Essa violência é palpável, então muito mais facilmente pode ser combatida.

Minhas memórias relacionadas a esse tipo de violência não são muito marcantes. Poderia dizer que nos meus trinta anos de escola, muitas vezes estive no meio de brigas e tive o meu quinhão de ser acertada por estar desavisada no caminho de um empurrão. Ou até fui alvo de socos, tapas e beliscões de alunos que eu precisava segurar para que não se colocassem em risco ou os outros também. Lembro-me disso, mas não me causa nada.

Tem violências que a gente nem chama de violência porque nem consegue entender o quanto dói. É a violência que as crianças carregam em si porque foi impetrada nelas. Muitas vezes, elas nem devolvem, apenas carregam.

Tem uns olhos muito verdes que eu carrego na memória. Uma menina com longos cabelos negros, olhos amendoados e pele bronzeada que trazia consigo ascendência indígena. Recordo-me de como ela chorou no dia em que eu cortei meus cabelos. Ela chorava angustiada porque eu não iria mais para o céu. "As mulheres não podem cortar o cabelo", ela dizia entre lágrimas, "é o véu da mulher". Nesses momentos, eu nunca sabia o que dizer.

Não sei o nome dela, mas me lembro dos seus olhos. Os olhares sempre foram minha queda.

Um dia estava segurando um menino que estava num momento muito violento e poderia se machucar e machucar os outros. Ele fazia muita força para se soltar, me chutava e beliscava. O tempo todo me olhava nos olhos, olhos faiscantes de fúria. Não era contra mim, evidentemente, por mais que eu que estivesse segurando-o ali. Minha colega que ajudava a contê-lo estava falando numa cadência que tentava tranquilizá-lo para que pudéssemos soltá-lo. Sua respiração foi se acalmando, mas os olhos continuaram faiscantes até o final. Aqueles olhos em fúria queriam um consolo que eu não podia dar. Não foi a única vez que eu me deparei com esse olhar. Muitos jovens diferentes ao longo da minha vida tinham essa necessidade no olhar.

Uma menina numa cadeira no meio da nossa sala, que ficava cada vez menor, como se isso fosse possível. Seus olhos alertas tentando saber se a gente poderia ser confiável. Seus olhos querendo enxergar um alento. No final, não foi para mim que ela narrou o estupro que sofreu, mas me lembro como se tivesse sido. Na escola, nunca temos ferramentas para resolver problemas assim. Pedimos ajuda aos serviços sociais, mas é moroso e difícil. As crianças não são protegidas de verdade. Se dermos sorte, conseguimos que o caso vá adiante, se não, continuamos vendo o desespero naqueles olhos.

Muitas vezes, acabei discutindo com assistentes sociais ou conselheiros porque achava que eles não tinham urgência nos processos, uma vez que não estavam ali todos os dias, vendo aquelas luzes se apagando. Juízes, conselheiros, assistentes veem os casos como histórias escritas. Nós, da escola, vivemos a angústia junto das crianças.

E os olhares de decepção dos pais e das mães? Já perdi a conta de reuniões que fiz com eles para conversar sobre seus filhos. Sempre tento falar primeiro com a família e depois, quando chegamos a um entendimento, busco o aluno. Há encontros muito bons, já outros são trágicos. Vi muito pai e mãe falando brando, mas olhando para a criança com decepção, nojo e raiva. Como uma criança pode prosperar com um olhar desse vindo da sua própria família?

Lembro-me especialmente de um adolescente que tinha um olhar indiferente, vazio, de tanto faz, como se nada tivesse importância. Ele tinha uma história complexa de abandono. O mais velho de uma família de seis filhos. Toda a família era muito parecida, menos ele. Um dia, falamos com o pai porque precisávamos de uma autorização para colocar o menino em um programa de progressão escolar. Foi a última vez que me interessou falar com aquele pai, porque não havia nenhuma esperança no olhar que ele deu ao jovem. Penso que ele até achou que estávamos perdendo o nosso tempo.

Não sei se foi tempo perdido ou não. Já encontrei esse jovem que se tornou homem. A última vez que o vi pessoalmente, ele tinha um olhar sorridente e me contou da esposa e do filho. Agora, penso que sua vida vale a pena um olhar.

Olhos baixos, olhos escondidos, eu vejo sempre. Tem gente que acha que ser professor é só dar aula e ensinar conteúdo. Precisamos lidar com um monte de sonhos perdidos, um monte de medo, um monte de dor. Todos os dias, na minha prática docente, estou em contato com essas violências e todos os dias analiso meu comportamento para não fazer parte delas, para não aumentá-las ou lançá-las eu mesma.

Nem sempre eu consigo.

O dia da feira

Os três dias da FIC Adolfina (Feira de Iniciação Científica) foram os dias mais interessantes do ano letivo. Podemos achar que uma feira de escola não é nada mais do que um monte de crianças explicando trabalhos copiados de livros ou mesmo da internet. Uma coisa tediosa e repetitiva.

Não a FIC. Ela foi crescendo na gente e se tornando um evento esperado por toda a comunidade escolar. Nem bem termina uma e todos nós já estamos pensando como será a próxima. Eu penso como poderia melhorar a organização, já outros como poderiam melhorar o processo de aprendizagem e os alunos pensam no próximo tema.

Todo o processo de pesquisa é importante, mas o dia da feira é mais. Chega a ser tão significativo que até para os alunos que não se dedicaram ao trabalho faz sentido. São três dias de brilho nos olhos, de orgulho, de realizações.

Cada criança, cada adolescente, cada jovem que está lá tem uma parte nisso, um pequeno espaço de *show*, alguns momentos de celebridade e muito tempo de admiração. Isso é uma das coisas que eu mais observo. Sim, vejo a alegria e o orgulho deles pelo próprio trabalho, mas também muita admiração e surpresa pelo trabalho do outro, como se realmente o sucesso de uns pudesse ser a vitória de todos.

Os visitantes e os avaliadores demonstram o tempo todo o seu assombro com os nossos resultados, o seu encantamento com os nossos alunos, mas não é para isso que eu me movo para realizar esta feira de três dias. Meu interesse é na própria avaliação da comunidade e dos alunos sobre os resultados. Mesmo que eles próprios não percebam, a feira é feita apenas para que eles mesmos vejam o seu potencial. É um espelho para nosso conhecimento, para nossa autoestima, para nosso sucesso. É nesse lugar que eles precisam se ver: um lugar de importância.

Tem gente que diz que as feiras só incentivam a competição, que deveriam existir apenas mostras de trabalhos e que todos deveriam ter a mesma importância. Eu nunca concordei com isso, da mesma forma que não concordo que o uniforme ajuda todos a se sentirem iguais. Quando que esconder a diferença faz com que todos sejam iguais? A humanidade prospera na diversidade.

Então fazemos a nossa feira em três dias. Na quinta-feira, os alunos até o 5º ano apresentam seus trabalhos; na sexta-feira, os alunos até o 9º ano; e no sábado pela manhã, todos se apresentam. Fazemos questão de que todos estejam presentes. Se não estão se apresentando, estão visitando. Em 2019, foram 130 trabalhos das mais diversas temáticas sendo apresentados.

A apresentação é sempre um momento muito poderoso, porque os alunos, literalmente, se superam. Sempre são melhores do que poderíamos imaginar. Mesmo aqueles que não se dedicaram muito à formalização dos documentos da pesquisa acabam mostrando muito mais conhecimento sobre o tema do que deixaram transparecer nas escritas. A apresentação permite um momento de empoderamento. Sempre acreditei que todos os alunos deveriam ter essa experiência, não apenas alguns escolhidos.

No início, os professores ainda não compreendiam que deveriam deixar os alunos serem protagonistas e achavam que deveriam ficar ao lado deles o tempo todo, além de não compreenderem como é que poderia ter aula enquanto ocorria a feira. Acreditavam que deveríamos dispensar a todos para apenas virem no horário das apresentações.

Foi uma luta dura. Eu é que não entendia que, num dos dias mais importantes na escola, poderíamos dizer que vir para a escola era opcional. É claro que, desconhecedores do ambiente de feira, os alunos talvez achassem muito mais interessante ficar em casa assistindo a um filme ou dormindo.

Por isso, tantos dias de feira. Mesmo quando tínhamos apenas uns trinta trabalhos sendo apresentados, era necessário garantir público. Então, uns apresentavam e os outros assistiam. Assistir às apresentações dos colegas é tanto aprendizado quanto fazer a pesquisa.

A feira não é só um evento de apresentação de trabalhos, mas também da escola e da comunidade. Um evento que diz ao mundo o que estamos fazendo ali, mostra também qual a importância do conhecimento para nós. A diversidade dos assuntos também ajuda a contar essa história de autonomia e autoria dos nossos alunos. Os temas sempre são de livre escolha dos grupos, porque a escola é o lugar onde encontramos respostas para nossas perguntas ou onde aprendemos a fazer as perguntas certas. Não sei se formaremos algum cientista, mas algumas pessoas curiosas e críticas de sua realidade, com certeza.

Projeto #aprenderecompartilhar

Um dia eu pensava que a gente aprendia e só.
Eu pensava que as coisas que eu sabia, deveria ensinar.
E também achava que ensinar era diferente de aprender.
Infelizmente, um dia cheguei a pensar que podíamos aprender sozinhos.
O projeto #aprenderecompartilhar foi acontecendo através de muitas tessituras, todas elas entrelaçadas para formar uma escola que parece que só existe no sonho. Uma escola que acolhe e que enfrenta, que sacode e que acalma, que se enternece, mas também que se indigna.
Lá no começo era tudo mato, tudo misturado, tudo bagunçado. Ninguém sabia muito o que fazer, então todo mundo fazia o que havia experimentado na sua escola de infância.
Esse começo pode parecer o início de um conto, mas não é. As escolas geralmente estão cheias de gente bem-intencionada, que faz o melhor que pode dentro daquilo que aprendeu. Infelizmente, o que a maioria aprendeu bem, foi caminhar sozinha.
A primeira coisa que deveríamos aprender é a não sermos sozinhos. Experimentamos isso nas assembleias e na conferência escolar, em que todos são ouvidos e tudo pode ser discutido e se tornar uma proposta. Esse exercício constrói uma escola que ouve.
A segunda coisa é que precisamos de curiosidade para aprender, não só de currículos e manuais. Aprender é uma coisa viva e só acontece em movimento. Experimentamos isso com as propostas de iniciação científica. Esse exercício constrói uma escola que aprende.
A terceira coisa é que precisamos conhecer o outro. Não um outro fictício dos tratados de filosofia, mas que existe do nosso lado. Os colegas, os professores, os funcionários, as famílias, todas são pessoas iguais a nós e merecedoras de um olhar e um tempo nosso, de uma palavra nossa, independentemente de quem seja.

Experimentamos isso com o #foradacaixa, no qual juntamos crianças de idades diferentes para participar de uma oficina e juntas aprender algo novo. Esse exercício constrói uma escola que sente.

Contando assim, parece que foi fácil, mas não foi. Levou tempo e paciência e fez a gente quase desistir muitas vezes, porque precisávamos aprender tudo ao mesmo tempo em que as coisas se constituíam. Também precisávamos ajustar a rota à medida que avançávamos. Muitas vezes foi assustador, outras vezes foi estafante, mas também, inúmeras vezes, foi feliz.

Quero contar sobre esse projeto, mas ainda não tenho o distanciamento adequado para fazê-lo, já que ainda vivo nele. O #aprendercompartilhar não é uma memória, é ainda realidade presente, essa vida ainda vivida da qual falei no início. Por isso, penso que vai ter que ficar para uma outra vez.

IV

Desafios e conquistas

Meus sonhos de educadora

Houve um tempo, como já comentei, em que eu não queria ser professora, nem entendia o que isso significava. Depois que assumi o cargo, ninguém nunca poderia me tirar desse caminho. A minha vida e a educação caminham entrelaçadas o tempo todo. "Faz outras coisas, Joice!" Eu posso fazer muitas coisas, todas ao mesmo tempo, mas a educação continua lá.

"Tu só fala de escola." Quando minhas amigas vêm me visitar, meu marido até sai de perto, porque a conversa do trabalho não para nunca. Ele nem reclama mais, só dá risada junto, porque o papo pode ser de trabalho, mas a risada e o deboche estão sempre ali.

Sempre que a gente viajava, procurava onde ficavam as escolas. Fantasiávamos que éramos professoras em cada escolinha perdida nesse Brasil. Viajamos muito. Tem muita escola por aí com saudade da gente.

Sempre fui professora de escola pública. Até tentei trabalhar em alguma escola particular da cidade, mas nunca fui muito além da vontade. Então não sei o que se aprende na escola privada. Tem uma crueza na escola pública que te arranca da cadeira fofa de classe média remediada. Não se come algodão-doce na escola pública não. Se tem açúcar, quase nem dá para sentir.

A escola pública é a instituição mais importante do Brasil, e trabalho todos os dias para que as pessoas possam perceber isso.

Quero que todos vejam a escola pelo seu potencial, não pelas suas faltas. Durante todo o tempo que lecionei, tentei fazer isso sozinha, mas quando chegamos na Adolfina, esse sozinho se multiplicou e entendi que nada acontece enquanto estamos lutando sós. Foi um aprendizado do coletivo, da troca, do aceitar o outro como um igual.

Só consegui concretizar esse meu sonho de professora na Adolfina, e não é à toa que o projeto foi laureado com um prêmio tão importante quanto o Educador Nota 10. Depois disso, meus sonhos de educadora se ampliaram e não quero mais apenas trabalhar lá até me aposentar. Quero que todos possam conhecer essa experiência e refletir sobre ela, para que mais escolas democráticas possam surgir.

Vejam bem, não quero que outras escolas sejam como a Adolfina numa reprodução em massa de um conceito ou modelo. Isso foi o que eu aprendi sobre a escola pública e é sobre isso que fundamento agora o meu sonho de educadora. Cada escola é única, com pessoas únicas e especiais que trabalham, que são alunos, que são comunidade. A questão não é mais como elas devem ser, mas qual é o caminho que deve ser trilhado para chegar aonde elas decidiram chegar. O caminho é a democracia.

Quando era criança, estudei numa escola pública. Era uma boa aluna e gostava de que me ensinassem, era dócil para o aprendizado. Lembro-me de poucos colegas e não sei que caminho seguiram na vida. Também não sei se foram felizes na escola. Só sei que eu fui, mas também sei que não me interessava nem um pouco se os outros eram. Eu ajudava os colegas, até emprestava o meu caderno para que copiassem as lições. Emprestava porque isso me fazia popular, não porque me interessasse pelo aprendizado deles.

Não posso julgar demais a criança que eu fui, mas quando estava no Ensino Médio e na faculdade eu era assim também. Com certeza, não pensava que poderia aprender com meus colegas. Por outro lado, me lembro de achar que os outros poderiam aprender comigo.

Foi na vivência do projeto da Adolfina que descobri o coletivo. Desde o início, defendi a democracia, as assembleias, a conferência, mas o trabalho coletivo ainda era uma incógnita para mim. Foi o coletivo que me ensinou seu próprio significado e, a partir daí, me fez sua defensora mais ferrenha. Foi quando ouvi os outros, permitindo que minhas ideias fossem avaliadas e reformuladas pelo coletivo, que eu compreendi essa força que pode mover todos para a frente, não só aqueles que aprendem convencionalmente como eu.

Meus sonhos de educadora apenas aumentam com o passar do tempo. Logo estarei aposentada do concurso da prefeitura, mas não pretendo me aposentar da luta pela educação pública democrática e inclusiva. Posso ter começado meio por acaso, e agradeço profundamente ao meu técnico de handebol por isso, mas continuarei, mesmo depois de aposentada, porque minhas memórias dessa escola que acolhe me levam para a frente.

Ser diretora

Era 2005 e eu estava de licença-maternidade. Estávamos mais próximos do final do ano, visto que meu filho nasceu em agosto. A secretária de educação sugeriu uma lista tríplice para a escolha de novos diretores para as escolas. Na minha escola, fiquei em segundo lugar por um voto de diferença.

Era a escola na qual eu tinha estudado quando criança. Isso, com certeza, incentiva uma pessoa. Os candidatos tinham que escrever um plano de ação e participar de uma entrevista. No final, fui escolhida. Porém, como estava de licença, só assumi o cargo nos últimos dias do ano.

Achei que teria um tempo para me acostumar, mas nada do que eu poderia prever se assemelhou ao que eu senti quando assumi o cargo. Veja que eu estava na mesma escola, com as mesmas pessoas, mas até o ar que respirava era diferente.

Acredito que deslizei na posição sem muito problema, mas isso é uma mentira que contei para mim mesma durante um tempo. Hoje, olhando para esses dias, vejo que não foram bons. Podem ter sido bons para todo mundo, mas não foram tempos tranquilos.

Sei que fiz tudo direitinho, cumpri as tarefas com dedicação e competência, mas para tudo isso eu paguei um preço muito alto. Imaginem que tive diversas pimenteiras na minha mesa e todas elas secaram rapidamente.

A questão não era eu ou os professores ou as famílias. Era um ajuste que não existia. Um parafuso de uma bitola errada ou um sapato muito pequeno.

A escola era tradicional e localizada em um bairro antigo da cidade. Sempre tinha sido bem-conceituada. Muitos alunos vinham de outros bairros para estudar lá.

Ao mesmo tempo em que eu assumi a direção, várias coisas aconteceram, obrigando a escola a rever seus padrões. Primeiro, a Secretaria de Educação iniciou um processo mais rígido de matrículas por zoneamento. O bairro havia envelhecido, então não havia muitas crianças para matricular na escola. Iniciou-se, então, um processo de reorganização das matrículas com outra escola do bairro que atendia uma clientela com menos recursos. A outra escola iria ser apenas de Educação Infantil e a nossa de Fundamental. Os alunos de lá começaram a migrar para a nossa. Ao mesmo tempo, uma casa de acolhimento de jovens em situação de vulnerabilidade foi instalada neste mesmo zoneamento e eles foram matriculados.

Essa mudança importante na condição dos alunos precisaria causar uma transformação nas práticas e nas relações dentro da escola, só que isso não acontece rapidamente. Eu era a professora mais jovem, tanto em idade quanto em tempo de serviço na rede e na escola. Todos perceberam a transição, mas a conjuntura que levou a isso ficou um pouco escondida. Então, as mudanças tinham um catalisador que era eu. Além disso, tive de tomar algumas atitudes que permitissem uma integração maior entre os alunos, e isso nem sempre foi entendido como necessário, mesmo entre os professores.

Fiquei até 2008 nesse cargo e penso que cumpri bem o meu papel. A escola, de certa forma, cresceu em muitos aspectos e lá ocorreram muitos bons projetos, tanto que ainda lecionei até 2012, quando fui para a Adolfina.

Quando assumi esse desafio, esperava que tivesse sido diferente. Mais de dez anos depois, ainda sinto que fui apenas uma abelha operária necessária, mas descartável. Não queria que tivesse sido assim na escola onde eu estudei, no bairro em que ainda moro até hoje. Pensava que poderia ter sido algum tipo de heroína, mas não fui. Acho que se fizerem uma festa na escola para homenagear ex-diretoras, talvez nem me convidem.

Não posso dizer que me ressinto disso. Deveria me ressentir? Não, porque não foi culpa de ninguém. Tudo pode ser explicado pelo contexto e, de todo jeito, foi uma experiência proveitosa. Apenas deixou um gosto de cabo de guarda-chuva na minha boca.

Um desafio de escrita

Um dia fui convidada para escrever para o jornal Folha Martin Pilger, parte de um programa de pesquisa da Universidade Feevale, que tratava da realidade do bairro e das escolas da região. Nesse período, eu exercia o cargo de diretora da escola Affonso Penna e deveria substituir um jovem cronista do bairro que contava histórias que tinha ouvido de pessoas mais velhas.

Adorei esse desafio. Tentei escrever sobre o cotidiano do bairro e minhas memórias de infância entrelaçadas com a temática do jornal usando uma linguagem acessível para crianças, jovens e adultos. Penso que consegui fazer uma boa mistura, porque sempre tive retornos muito positivos dos leitores.

A seguir está um texto que foi publicado no jornal, que trata de uma mudança muito importante na minha carreira profissional. Conta como eu estava me sentindo quando fui trabalhar na escola Adolfina. Estava feliz, motivada, esperançosa e cheia de coragem. Foi lindo pegar uma escrita minha cristalizada no tempo, acessar um mundão de sentimentos e de imagens e confirmar que a minha vida está valendo a pena.

MUDANÇAS
Joice Maria Lamb

Eu nunca mudei de casa. Quer dizer, quando criança meu pai construiu uma casa nova no mesmo terreno. A casa foi ficando pronta em etapas e nós fomos nos mudando pedacinho por pedacinho. Nem foi mudança, foi um *upgrade*.

Mudança de encaixotar tudo e deixar um lugar todo vazio, depois chegar em outro lugar vazio e desencaixotar tudo de novo, eu nunca fiz. Quem já fez, disse que dá um trabalhão danado.

Por outro lado, não tenho medo de mudanças. Vejam só que este ano deixei de ser a professora de português da Affonso Penna que todo mundo conhecia para aceitar o desafio de ser a nova coordenadora da Adolfina. Pode parecer pouco, mas não é. Tudo é novo: o trabalho, os colegas, os alunos, a comunidade, o lugar. E como é diferente! Na Affonso, uma escola mais antiga, pequena, em cima do morro. Acho que esse é um charme especial. Do corredor a gente enxerga um pedação de Novo Hamburgo. Todo dia, as pessoas que passam por lá têm essa visão ampliada do mundo, um horizonte vasto que nos impele a fazer parte de lá, do outro lado, e ao mesmo tempo intimida, seremos capazes de tanto? A Adolfina uma escola tinindo de nova, grande em espaço e em população. Ao andar nos corredores não vejo um vasto horizonte, mas os morros cheios de vegetação, muito verde. A vegetação do entorno protege, abraça, acolhe. Todo dia, as pessoas que transitam pelos corredores têm essa visão verde por todos os lados. E o que tem do outro lado? Como é o mundo lá fora? Seremos capazes de enfrentá-lo?

Muito diferentes são estas duas escolas e como estou aprendendo com essa mudança. É importante a amplidão de horizonte e desafio de uma, mas também o acolhimento e a segurança de outra. Sempre que nos permitimos participar da mudança, podemos colher seus frutos e nos transformar também.

Creio que não é possível acontecer uma mudança tão grande na visão de alguém que não imprima uma mudança interna. Algo mudou em mim sim e fico feliz com isso. Parece que um dia alguém decretou que mudanças são ruins, cansativas, difíceis. E todo mundo, acreditando nisso, tem medo da mudança. Tem medo de ficar diferente, de não se conhecer mais.

Deveríamos aceitar as mudanças com mais esperança, com mais simpatia. Vocês acham que eu não tive um certo receio de que as pessoas não me aceitassem tão bem como eu era aceita na Affonso? Posso dizer que me sinto muito bem na Adolfina. Mas é diferente, sempre vai ser diferente!

Que chata seria a vida se tudo fosse sempre igual! Se a professora do 1º ano fosse igual à do 2º ano, se a escola de Ensino Médio fosse igual à do Ensino Fundamental, se os colegas de um trabalho fossem os mesmos do outro que acabei de deixar, se visitar a casa da avó fosse igual a ficar em casa, se sair com os amigos fosse igual a ficar na internet... Não estou dizendo que a mudança é sempre melhor, mas não é sempre pior. É diferente.

Vejo essas diferenças todos os dias, mas vejo também muitas semelhanças e fico pensando o que aproxima e o que afasta as pessoas. Muitas coisas nos fazem diferentes, mas o que nos faz igual? O que encontramos na Campos Sales que também encontramos no Kephas, na Zozina, na Vovô? Têm os adolescentes do Kephas os mesmos anseios dos da Affonso? Brincam as crianças da Vovô das mesma brincadeiras que as da Adolfina? Às vezes, apenas algumas ruas nos afastam, mas parece que estamos em outro país. Não somos todos pessoas à procura de um futuro, de felicidade, de esperança? Trabalhamos, passeamos, reclamamos, contamos as histórias da nossa vida, esperamos ouvir as histórias dos outros entre um chimarrão e outro. Encontrar semelhanças também pode nos ajudar a perceber melhor os outros e as mudanças que eles podem fazer na nossa vida.

Participar das mudanças deve mesmo ser a chave que afasta o medo. Isso mesmo, ser protagonista, ser o herói da sua própria vida é o que nos transforma. Não tem só heróis nas novelas, nos livros ou no cinema. Tem um herói, ou uma heroína, dentro de cada um de nós. Será que não é junto com outras pessoas que podemos despertar nossa força? Na comunidade, na escola, na igreja, em grupos de trabalho, junto com nossos iguais.

Imaginem então um lugar, uma comunidade onde todas as pessoas se achem importantes, onde todos acreditem que podem ser agentes de mudança, que podem transformar alguma coisa, por pequena que seja. Uma escola onde todos trabalhem juntos e façam parte das mudanças e transformem-se enquanto transformam seu pequeno mundo. Uau!!! Vocês podem achar que eu estou exagerando, talvez...

Mas, pensem, eu nunca mudei de casa, mas já me mudei muito. Hoje, parece que estou diferente depois de escrever este texto. E você que leu?

O desafio de ser coordenadora

Fui convidada por uma grande amiga para ser coordenadora pedagógica numa escola de Educação Infantil e Ensino Fundamental de minha cidade: a EMEF Prof.ª Adolfina J. M. Diefenthäler. Ocupo este cargo desde 2012. Ser coordenadora não é o mesmo que ser diretora ou professora. A diretora precisa de um olhar muito mais administrativo, do dia a dia. A coordenadora precisa de um olhar para o futuro.

Chegar em uma escola nova, com um cargo de chefia, desperta muita desconfiança. Todos se perguntam: "Quem é essa pessoa? Por que ela e não alguém daqui da escola? Como será que ela vai trabalhar?".

Eu não sabia muito bem como agir e agradeço muito pela parceria forte que construímos na equipe diretiva. Estávamos todas em uma nova função, então, precisávamos encontrar apoio uma na outra. Fizemos um grande esforço para agir sempre dentro de nossos princípios, sendo a democracia na escola o mais importante.

Tenho muitas lembranças boas de riso e alegria. As mais calorosas são aquelas das reuniões de equipe. Eram semanais, mas no início eram necessárias duas ou até três eventualmente. Todos sabiam quando estávamos em reunião, porque fechávamos a porta da sala e pedíamos para evitarem nos solicitar naqueles momentos. Sempre eram reuniões muito produtivas e intensas, porque nem sempre concordávamos sobre as ações a serem tomadas e levamos um tempo para fazer os acordos necessários. Alguns professores até desconfiavam e diziam: "O que elas ficam fazendo lá dentro?".

Fazíamos o necessário, mas também ríamos muito. Às vezes das situações, às vezes dos problemas e, muitas vezes, de nós mesmas. Se a reunião acontecia na sexta-feira, não conseguíamos cinco minutos de conversa sem uma explosão de riso. Esse humor, essa facilidade em diminuir a tensão, tornando engraçado o que poderia ser trágico, foi o que nos fez durar tanto como equipe.

Não faz sentido contar aqui nossas piadas internas, porque elas precisam de um longo contexto para serem entendidas e ele se perdeu no tempo, só ficou o riso. O riso como uma forma de acolhimento, de crença que, se fôssemos perseverantes, as soluções chegariam. Ser coordenadora não se mostrou uma tarefa simples. A complexidade de tudo eu fui compreendendo ao longo dos anos.

Logo no primeiro ano, propus um projeto que se chamava Diários da Adolfina. Envolvia escrita, áudios, vídeos, entre outras coisas. Era o primeiro projeto institucional que eu havia proposto. Na reunião de equipe afinamos as pontas e combinamos a apresentação para o grupo. Todas achamos o projeto lindo. Poderia ser um sucesso. Apresentei-o numa reunião e, aparentemente, o grupo de professores concordou conosco. Eu estava esperançosa. No final do ano, percebi o total e retumbante fracasso do projeto. Ele foi recebido pelos professores apenas como mais uma tarefa para fazer, não pelo potencial agregador que havia nele.

Ficamos decepcionadas, mas aprendi uma lição importante. Não adiantava eu ter percebido um problema e desenvolvido um ótimo projeto para resolvê-lo se os professores da escola não o notassem como um problema real. Entendi então, um pouco, que havia muitos olhares sobre as mesmas coisas e elas incomodavam cada um de maneiras diferentes.

Outro dia, tinha preparado uma reunião nos mínimos detalhes. Era sobre o ensino de matemática. Uma sala adequada, material, equipamento, tudo perfeito. Todos os olhos estavam sobre mim, esperando que eu dissesse alguma coisa que eu não sabia o que era. Com certeza, não era sobre o ensino de matemática. Uma professora disse: "E quando todas essas 'dicas' que você está dando acabarem, a gente faz o quê?". Eu pensei que estava falando de uma concepção pedagógica e elas achavam que eu estava dando dicas. Não tinha como sair daquele entendimento que havia se configurado. Eu queria chorar.

Ficou tão óbvia a minha decepção que algumas professoras vieram me consolar no final. Me senti no jardim de infância, segurando nas mãos um brinquedo quebrado pelo coleguinha. Terminei a reunião, procurei as minhas colegas de equipe e chorei de verdade. Chorei e solucei a minha incompetência.

Com o tempo, tendo experienciado as discussões na equipe e a vivência da gestão democrática, acabei por aprender como me comunicar e como alinhar os projetos com as necessidades de todos. Aprendi a compartilhar mais e a ser mais atenta às falas e ações dos professores.

Tive muitas boas conversas com as professoras, algumas das quais me lembro com muito carinho. Uma delas foi a professora do 1º ano, com uns bons dez anos a mais do que eu na docência. Uma pessoa querida, muito dedicada aos alunos. Nos primeiros meses de trabalho, havíamos identificado que havia problemas na alfabetização inicial na escola. Os alunos chegavam ao 2º ano ainda no processo bem inicial da escrita. É minha função fazer essas intervenções com os professores, mas eu não sabia como chegar nela. Então, resolvi iniciar uma abordagem que fosse pelas beiradas. Primeiro, perguntei como era o trabalho dela. Ela explicou todo um processo muito detalhado de como ela apresentava aos alunos, letra por letra. Só chegava no final do alfabeto em dezembro. Como aprender a escrever sem utilizar todas as letras?

Perguntei por que ela não apresentava o alfabeto todo de uma vez. Enfaticamente, a professora me disse que era demais para os alunos. Muito difícil. Confesso que fiquei sem ter por onde ir. Discuti com minhas colegas de equipe para pensar em outra abordagem, já que concordávamos que o método de trabalho da professora era o principal empecilho para a alfabetização dos alunos ainda no 1º ano.

Eu tinha medo de expor muito diretamente e conseguir apenas que a professora deixasse de conversar comigo e não repensasse seu método. No encontro seguinte, ela continuou, estimulada por mim, a contar todas as coisas que já havia feito nos outros anos. Relatou que em anos anteriores ela havia trabalhado com a professora de Matemática em um projeto de xadrez. Durante uns vinte minutos contou como tudo acontecia e como os alunos gostavam. De repente, ela fala: "O mais incrível é que eles aprendiam tudo ao mesmo tempo".

Logo peguei a deixa: "Nossa, que coisa linda. Então quer dizer que os alunos conseguiam aprender xadrez, que é bem difícil, junto com as outras tarefas de aula. E nem se atrapalhavam! Então, acho que eles não vão se atrapalhar se conhecerem o alfabeto todo ao mesmo tempo, não é?".

Ela parou de falar, ficou me olhando e disse: "Agora você deu um nó na minha cabeça, vou ter que pensar mais sobre isso".

Todo dia é um desafio e todas as histórias são importantes, tanto que eu poderia escrever um livro inteiro só com elas, mas não posso porque não são só minhas. A escola é um lugar de histórias cruzadas que deveriam ser vistas como passagens, como caminhos ou lugares de descanso, nunca como pontos finais. Aprendo isso todo dia na coordenação.

Prêmio Educador Nota 10

A primeira lembrança que tenho do Prêmio Educador Nota 10 é de quando li o anúncio numa página da revista *Nova Escola*. Não me lembro qual o ano, mas o prêmio era uma viagem para a França. O cobicei muito. Infelizmente, aquele não foi o meu ano, mesmo que pensasse que meu trabalho fosse muito maravilhoso. Afinal, eu inscrevi o livro *Artes da palavra*. Enquanto professora, me inscrevi em outras edições das quais eu não lembro muito.

Quando iniciei o trabalho na Adolfina e fui observando os lindos resultados do esforço coletivo, pensei que seria uma boa ideia inscrever o projeto. A essa altura, o prêmio recebia inscrições de coordenadores e diretores também, coisa que eu acho que não acontecia no início.

Em 2017, inscrevemos três projetos da escola. A diretora inscreveu o de gestão democrática; a coordenadora, o #foradacaixa; e eu, a Iniciação Científica. Os três eram bons, mas só o meu foi selecionado dentre os cinquenta.

Em 2018, inscrevi apenas um projeto. Minhas colegas pensaram que eu tinha mais sorte ou escrevia melhor, então deixaram de tentar. O projeto de matemática era muito interessante, então supus que seria um bom candidato. Acredito que os selecionadores pensaram o mesmo, porque me pediram mais material e fizeram entrevistas com vários professores. No dia da divulgação dos cinquenta, meu nome não apareceu, mas não desisti de tentar.

Acredito na proposta pedagógica que construímos na Adolfina como um projeto possível de inspirar muitas outras escolas e sabia que poderia ser selecionado ao prêmio se eu soubesse como descrevê-lo. Em 2019, inscrevi o #aprenderecompartilhar e tinha toneladas de registros sobre como se fazia tudo na escola. Acho que não deixei nenhuma pergunta sem resposta.

Eu não sabia que ia vencer, mas, com certeza, estava perseguindo isso com muito afinco. A divulgação do projeto entre os cinquenta finalistas foi um alívio, mas eu queria vê-lo ainda entre os dez vencedores. Posso dizer que eu estava confiante, até porque eu não estava lá sozinha. O projeto tinha por trás de mim centenas de pessoas, entre professores, alunos e familiares. Eu era apenas a capa.

Quando ficamos sabendo do resultado, eu estava assistindo a uma palestra da rede na qual trabalhamos e junto comigo estava toda a equipe gestora da escola. Meu filho enviou um áudio gritando, dizendo que tinha visto o anúncio no programa *Encontro com Fátima Bernardes*, da Rede Globo. Não atrapalhamos a palestra, mas assim que veio o intervalo anunciamos a todos.

Depois disso, foram muitas felicitações, conversas e entrevistas. Várias pessoas que eu tinha só como conhecidas distantes vieram me parabenizar e com elas recebi homenagens da Câmara de Vereadores, da secretária de Educação, da prefeita de Novo Hamburgo. Participei de diversas entrevistas em programas locais. E fiquei esperando chegar o dia em que embarcaria para a semana de imersão em São Paulo.

Não tinha parâmetros para imaginar como seria essa semana, nem que terminaria com amigos tão queridos. Aparentemente era para ser uma imersão, conhecendo os parceiros da Fundação Victor Civita, realizadora do prêmio, e seu trabalho tão importante, mas parece que foi um mergulho também em nosso próprio trabalho. Tantas vezes contamos nossa história, tantas vezes repetimos nosso projeto e respondemos a perguntas sobre ele, que seu alcance foi se mostrando mais poderoso para cada um de nós. Ao final da semana, compreendi muito mais sobre a proposta do #aprendere-compartilhar e venho sabendo mais sobre ela até hoje. Essa experiência abriu um canal de reflexão comigo mesma.

Se fosse só isso, já seria muito o que eu teria aprendido em São Paulo naquela semana. Mas, por certo, tinha mais. Visitamos lugares em que nunca imaginei estar e conversamos com pessoas que não sabia que eram mesmo reais, como se fôssemos tão importantes quanto elas e não apenas professores de escolas públicas atuando pelo Brasil afora. Penso que era isso mesmo que o pessoal da Fundação gostaria que sentíssemos, que percebêssemos que fazemos parte de uma categoria muito importante para o futuro do Brasil: os professores.

Então chegou o dia da apresentação do projeto para a academia de jurados. Aconteceu no mesmo hotel em que estávamos hospedados. Havia um grande telão, mesas postas para nós, educadores, mesas para os jurados e uma plateia.

Todos já sabíamos que éramos vencedores, mas ali estava um novo desafio, um pouco além do que fizemos antes, porque exigia uma apresentação ao vivo que poderia aumentar ou diminuir o interesse no projeto e no educador. Estávamos todos nervosos, sem dúvida, mesmo que na plateia tivéssemos torcidas individuais compostas pelos selecionadores, aqueles que perceberam o potencial do projeto no meio de mais de cinco mil trabalhos. Ninguém estava sozinho.

Fui a segunda a se apresentar, logo depois de minha colega cujo nome começava com a letra A. Nunca vou sugerir um nome com a letra A para criança nenhuma que eu vir nascer daqui pra frente. Assistindo à primeira apresentação, fiquei um pouco mais tranquila, mas não muito. As regras eram simples: dez minutos de apresentação e dez para responder a perguntas dos jurados. Eram dez minutos de verdade, porque havia um cronômetro marcando o tempo.

Quando chegou a minha vez, não achavam o meu arquivo. Enquanto procuravam e, mesmo depois, quando pegaram meu *pen-drive* reserva para salvar o arquivo, eu estava parada na frente de todos. Milagrosamente, em vez de me estressar, esse tempo me permitiu relaxar e brincar. Andei de um lado para o outro como se estivesse desfilando, fiz brincadeiras sobre meus sapatos e sobre a minha cidade, Novo Hamburgo – capital nacional do calçado. Quando estava tudo configurado, eu era a dona do ambiente. Fiz a apresentação no tempo exato, sem divagações, do jeito que tinha ensaiado.

E eu ensaiei muito! Cheguei a ponto de gravar um áudio para cada *slide* com o tempo cronometrado e depois ouvi diversas vezes minha própria fala. Deixo aqui essa dica que foi, no final, vitoriosa.

A cerimônia

Eu estava lá, junto a outros nove educadores, esperando que a jornalista Sandra Annenberg anunciasse o educador do ano. A cerimônia tinha sido linda e havia agora uma tensão no ar, típica dos momentos anteriores a uma grande revelação. Eu estava olhando para a plateia e para aquela sala elegante. Nunca teria estado lá na minha vida se não fosse esse prêmio.

Vestia um vestido vermelho, longo e brilhante. Com certeza, estava me achando deslumbrante. Naquele momento de comemoração, estávamos todos lindos. Não se tratava apenas de uma beleza estética, mas de alma. Era uma beleza de dever cumprido.

Algumas de minhas amigas da escola viajaram para assistir à premiação. Eu as observava sentadas e esperando. Era eu, mas parecia que não era. Engraçado como a gente pode ter uma visão fora do corpo em alguns momentos especiais.

Minha família toda estava em casa acompanhando pela internet, porque era muito caro trazê-la para a cerimônia. Meu marido estava estudando na Argentina, mas estava assistindo também.

Quando a Sandra disse o meu nome, eu nem sabia o que fazer, que reação ter. Qual a reação esperada numa hora dessas? Estava com um troféu na mão e me aproximei para pegar o outro. Antes a Sandra me abraçou. Mas eu procurei pelo troféu. Acabei dando as costas para o cumprimento do Thiago Lacerda. Nem percebi. Que gafe! Peguei o segundo troféu e o papel que tratava sobre a viagem a Portugal. Estava tudo muito pesado nas minhas mãos.

As pessoas me chamavam de todos os lados e eu só olhava e sorria. Era para eu sair do palco e fazer as fotos oficiais com o pessoal da Fundação Victor Civita, mas não conseguia me mover. No meio de tudo isso, pensei que não iria sair bem naquele tanto de fotos. Nunca me achei fotogênica. Esforcei-me para sorrir bonito, mas me frustrei porque não deu tempo para pensar no sorriso que queria fazer entre uma foto e outra. Aprendi a sorrir para fotos no susto. Eventualmente, penso que nem chorei. Deveria ter chorado?

Os jovens responsáveis pela comunicação da Fundação me ajudaram a chegar no local da foto oficial e permaneceram ao meu lado segurando os troféus e orientando a fila de entrevistas e fotos. Eles foram as pessoas mais importantes para mim naquele momento e eu nem me lembro de seus nomes. Apenas dois pares de olhos brilhantes e sorrisos tranquilizadores. Eles passaram. Será que algum dia vou vê-los de novo?

Enquanto falo com todas as pessoas que têm perguntas e querem fotos, nunca penso no que dizer. A certeza que sinto ao falar me intriga e me lembro da pergunta que minha mãe me fazia: "Como tu sabe tudo isso?". A fila de pessoas não termina e meu sorriso parece pregado no meu rosto. Quando me lembro daquele momento, não tenho dúvidas de onde vieram todas as respostas que dei e todas que ainda estou dando até hoje. Foram trinta anos lecionando na escola pública, trinta anos de trabalho ininterrupto na educação. Essas respostas foram forjadas em mim a cada ano, por diversas situações, colegas, alunos, famílias, programas públicos, experiências, ideias. Naquele momento, elas apenas jorraram de mim, com a confiança que só uma professorinha no chão da sala de aula pode ter. Eu ainda não sabia que muitas pessoas, a partir daquele dia, esperariam respostas de mim. Estava um pouco alheia, perdida no momento. Que bom.

Ao final de tudo, fui com minhas amigas para festejar no Bar Brahma, no centro de São Paulo. Chope e batata frita? Nem sei. Eu precisava mesmo daquele momento com elas, daquela pausa para voltar a ser eu, mesmo que esse meu eu, a partir daquele momento, fosse um pouco outro.

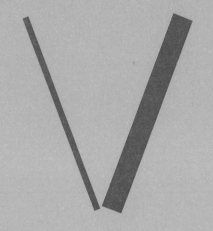

Pelo mundo

A gente é uma viagem

Muito do que eu sou, do que eu sinto e acredito, vem do fato de ter viajado. Foram uns dez verões seguidos correndo por aí com minhas amigas, de mochila nas costas e colchonete enrolado.

Viajei quando adolescente com a equipe de handebol, para disputar um campeonato brasileiro no Rio de Janeiro. Depois, viajei com um grupo de amigos. A primeira viagem foi para Angra dos Reis e a segunda, pelo Nordeste. As duas de ônibus. Nessas viagens, percebi que tanto aqui, no Rio Grande do Sul, como em Natal, no Rio Grande do Norte, as pessoas falavam português. Tive essa epifania quando, por algumas horas, deixei o grande grupo de viagem na pousada e andei pela rua até uma lavanderia. Fui e voltei sozinha e nada me aconteceu. Talvez o mundo fosse mesmo pequeno.

No ano seguinte, minha amiga e eu viajamos sozinhas até a Bahia. Nossas mães foram até a rodoviária se despedir da gente. Que mico! O primeiro ônibus era só até a rodoviária de Porto Alegre, percorrendo um trajeto de apenas uma hora. As pessoas em volta ficaram sem entender o choro.

Em Porto Alegre, pegamos um ônibus para o Rio de Janeiro e, em seguida, outro para Guarapari, no Espírito Santo. Lá, a gente tinha reservado lugar num albergue da juventude. Depois disso, era sem reserva, soltas no mundo.

Desse tempo tenho muitas histórias. Aprendi a ser gente nessas viagens. A ser gente do mundo. E tudo isso levei para a minha docência. A cada ano, chegava de volta ao trabalho cheia de imagens, de carinhos, de lugares e de pessoas.

Tenho uma enormidade de álbuns de fotografias, porque nesse tempo, anos 1990, a alegria era uma Kodak com filme de rolo trinta e seis poses. Eu economizava durante todo o ano para comprar os filmes. Para cada viagem, eram seis ou sete rolos. Na volta, tinha que revelar aos poucos, porque não sobrava dinheiro. Até o meio do ano, ainda tínhamos encontros para ver as fotos umas das outras. Eram, mesmo, outros tempos.

Tempos que ficaram na minha memória e me fortaleceram, mesmo que de muitos deles eu nem lembre mais. Interessante essa ideia de considerar coisas que você nem se lembra mais como formadoras da sua pessoa.

Não nos lembramos de tudo. Eventualmente, memórias nos assaltam. Sou muito afortunada por se tratar, na maioria das vezes, de boas memórias. Nostálgicas, com certeza, mas boas memórias.

Estávamos no Maranhão, numa de nossas inúmeras aventuras. Queríamos chegar à Ilha dos Lençóis, uma ilha de areias brancas que tínhamos visto na revista *Os Caminhos da Terra*. Tomamos o ônibus, pegamos carona e paramos num porto. Seria necessário um barco para chegar na ilha, logicamente. Não havia um serviço de barcos para transporte oficial, teríamos que pegar carona com um barco de pescadores. Infelizmente, não havia nenhum barco na ilha naquele dia e ninguém sabia quando teria. Sabendo da nossa necessidade, um capitão de um dos barcos disse que nos levaria até lá, mas teríamos que passar a noite na ilha dele e ir de manhã cedo para a Ilha dos Lençóis. Disse que poderíamos amarrar nossas redes na casa de um marinheiro dele. Combinamos o preço e fomos.

Para mim, o barco era grande. Viajamos sentadas no convés até que o vento e a chuva ficaram fortes demais. Mandaram todos os passageiros para baixo e ficamos balançando de um lado para o outro ouvindo os barulhos do mar revolto. Foi meio assustador, porque nenhuma de nós sabia nadar e não tinha qualquer salva-vidas à vista.

Chegamos na Ilha, da qual eu não consigo me lembrar o nome, e já era noite. O marinheiro era um homem negro, forte, de uns 50 anos. Nos levou para casa e apresentou sua jovem esposa. Um encanto. Ela ficou entusiasmada com a nossa presença e nos serviu um peixe cozido maravilhoso.

Depois de comermos, ficamos sentadas nas redes e o marinheiro sentou no vão da porta. Não tinha eletricidade, só algumas velas. Ele estava na sombra, com apenas um pouco de luz o iluminando. Começou a nos contar as lendas do Maranhão. Contou sobre como todos ainda esperam o rei Sebastião, que morreu jovem e se tornou santo, sobre o boi-bumbá e tudo mais.

Essa memória ficou gravada em mim, não só por sua beleza estética e nostálgica, mas porque me ensinou sobre a gente brasileira. Eu nunca quis viajar para ficar hospedada em grandes hotéis ou *resorts*, primeiro porque não tinha dinheiro suficiente, depois, porque não tinha saúde para turismo egoísta.

Eu queria o mundo, não uma só praia e duzentos tipos diferentes de comida e bebida. Esse mundo tinha que vir com gente real como aquele marinheiro e sua jovem mulher. Aquele momento foi um deslumbramento não apenas para mim, mas para eles também. Gosto de pensar que estou à deriva na memória deles, tanto quanto eles estão na minha.

Tantas pessoas eu conheci, e muitas delas acabaram me protegendo de problemas que eu não sabia que existiam. Minha amiga e eu chegamos em Vitória num horário todo errado para pegar o ônibus que queríamos para Ilhéus. Só iria sair no outro dia de manhã cedinho. Falta de planejamento nosso.

Sempre com pouco dinheiro, decidimos não ir para um hotel e ficar na rodoviária até a manhã seguinte, só que a rodoviária fechava à noite. Fomos buscar informações por ali e nos disseram que tinha um bar que ficava aberto 24 horas perto do Porto.

Quando chegamos ao bar, percebemos que não era assim

muito seguro e ficar por ali a noite toda poderia dar ideias inoportunas para as pessoas que estavam lá – quase todos homens.

Numa mesa próxima, dois rapazes sentados nos observavam. Eu os achei inofensivos e busquei proximidade. Eles se sentaram conosco e nos disseram que eram vendedores de enciclopédias. Tivemos uma longa conversa de risos e aventuras, até que eles sugeriram que poderíamos dormir algumas horas no quarto deles. Não me lembro da nossa argumentação interna para aceitar, mas aceitamos. A cara do recepcionista noturno do hotel foi impagável.

Organizamos uma cama no chão e dormimos bem. Mas minha amiga pegou um resfriado por causa do ar-condicionado. Fomos embora na manhã seguinte, bem cedinho. Nunca mais vi aqueles dois, mas, por muito tempo, tive uma consideração especial por vendedores de enciclopédias. Espero que eles tenham diversificado seu negócio ao longo dos anos.

A gente pegava muita carona. Hoje talvez eu pense que é perigoso, mas naqueles dias loucos nunca pensei que fosse. Tínhamos um combinado de nunca pegar carona sozinhas ou entrar em carro com mais de uma pessoa.

Lembro-me de uma vez que eu senti medo e desconforto. Foi em uma ocasião em que minha amiga e eu pedimos carona em Salvador. Entramos num carro de um senhor mais velho. Sentei na frente, porque todas as minhas amigas diziam que eu conseguia conversar melhor e entreter as pessoas. Durante o trajeto, o homem falava muito e passava a mão na minha perna. Eu nem sabia mais onde me esconder. Estava muito desconfortável, mas continuei a conversa como se não fosse nada. Minha amiga no banco de trás não estava vendo. Em determinado momento, eu tirei um prendedor do meu cabelo, que tinha o formato de um lápis e com ponta. Minha intenção era a de espetar o homem se ele fosse além do que estava fazendo.

Quando chegamos ao nosso destino, ele nos convidou para a Festa de Iemanjá que iria partir do porto da casa dele ou próximo à casa dele, não sei bem. Um passeio de barco grátis, minha amiga pensou. O que eu pensei, vocês bem podem imaginar. Disse não bem educadamente e desci do carro sorrindo amarelo.

Minha amiga achou que tínhamos perdido uma oportunidade maravilhosa de conhecer a cultura local até que eu expliquei, no caminho, tudo o que tinha acontecido para ela.

Na Chapada Diamantina, éramos incansáveis, fizemos todos os passeios e grandes caminhadas. Num desses passeios, o grupo tinha também alguns turistas. A gente não se considerava turista, caso eu não tenha contado ainda. Dizer que éramos turistas era uma afronta ao nosso modo de exploradoras.

Pois bem, na descida de um morro, numa trilha íngreme, avisei a esses turistas que eles deveriam descer com mais cuidado, porque as pedras estavam soltas. Mas eles continuaram, tagarelas e descuidados, até que fizeram uma pedra rolar. Eu vi a pedra vindo na minha direção e pude afastá-la com a mão, mas raspou dolorosamente no meu joelho. Na hora, achei mesmo que a pedra fosse me derrubar.

Ficamos um tempo na beira de um riacho, eu com a minha perna na água gelada, eles se desculpando. Passei dois dias na pousada repousando com a minha perna para cima numa rede na varanda. O meu passeio só foi salvo pelo livro que alguém havia esquecido no quarto: O *Mundo de Sofia*, de Jostein Gaarder.

Nosso dinheiro era sempre contado. Num desses verões, a prefeitura atrasou o pagamento. Então estávamos, três gaúchas, no litoral da Bahia, sem um tostão furado. Já tínhamos agendado uma passagem para outra cidade. Com nosso último dinheiro compramos um lanche e duas garrafas de água, sendo que uma delas caiu no chão e estourou.

Chegamos ao nosso destino na madrugada. A rodoviária ficava aberta, mas não podíamos deitar nos bancos, porque era proibido. Também não podíamos ir ao banheiro porque tinha uma catraca que só era liberada por moeda.

O guarda disse que no terminal de chegada dos ônibus tinha uns bancos de concreto e lá a gente poderia dormir. Abrimos os colchonetes, pegamos um lençol, usamos a mochila como travesseiro e tentamos dormir. Não era dormir de verdade, era mais um fechar os olhos na posição horizontal. Eu estava toda coberta por um lençol que eu esperava que me protegesse da fumaça do escapamento dos ônibus que continuavam chegando. Em alguns momentos, sentia como se algo corresse por cima de mim, mas não tentei descobrir o que era.

O mesmo não posso dizer de uma das minhas amigas que não só descobriu o que era como veio me contar: "Joice, tá cheio de ratos correndo por aí". "Ah! então é isso que estou sentindo correndo em cima de mim?" Ela me olhou horrorizada e disse que entraria no prédio principal e ficaria sentada nas cadeiras o restante da noite. Será que deveríamos acordar nossa outra companheira? Olhei pra ela que dormia pacificamente alheia a tudo ao seu redor. Não! O que os olhos não veem, o coração não sente. Eu continuei ali também, porque realmente não tinha visto rato nenhum, apenas sentido.

Quando amanheceu, encontramos nossa amiga sentada numa cadeira. Nos contou que havia ficado conversando com o bêbado/louco/esquisito residente da rodoviária e com o guarda. O mesmo guarda que nos presenteou com moedas para passar na catraca e ir ao banheiro. Tivemos que esperar até o banco abrir para podermos seguir viagem.

Comida para viagem

Viagens podem ser aventuras gastronômicas também, ao menos para quem tem coragem de experimentar. Posso dizer que não fui uma das mais corajosas. Sempre que a gente entrava numa sorveteria no Nordeste, eu enxergava seriguela, cajá, graviola, caju, açaí e tantos outros, mas escolhia chocolate e morango. Certo, eu não era nem um pouco corajosa.

Em Guarapari, a rotina de alimentação era tomar café da manhã numa padaria, que consistia em um pão com manteiga e um café preto para mim e um café com leite para minha amiga. Passávamos o resto do dia em passeios pelas praias, eu comendo bolachas e ela, maçãs. Havia um esforço considerável de minha amiga para me fazer comer frutas, mas não era fácil. À noite, íamos, junto de outros jovens do albergue, jantar num restaurante. Sempre pedíamos um prato comercial (arroz, feijão, bife, batata frita e salada) e dois pratos para dividir. A diferença do comercial para o prato-feito era que no comercial tudo era servido em bandejinhas separadas.

Ficamos na cidade aproximadamente uma semana. Na última noite, o garçom nos trouxe dois comerciais em vez de um. Quando dissemos que não havíamos pedido dois, mas só um para compartilhar, o garçom disse que o segundo comercial havia sido enviado por um outro cliente que não quis se identificar. Ficamos desconfiadas, mas ao olhar ao redor não conseguimos ver ninguém que pudesse ser o misterioso doador de comida.

Não foi a única vez nas nossas viagens que alguém nos ajudou sem pedir nada. Penso que minha fé na humanidade vem dessas pessoas boas que encontramos pelo caminho.

Na Ilha do Mel, no Paraná, em uma viagem com outra amiga, também tinha esse tal de prato comercial. Mas lá, ele vinha com uma porção gigantesca de camarão frito. Como minha amiga não comia camarão, eu ficava com toda a porção para mim. Naquele verão, fizemos amizade com o Batata, um jovem paulista. Ele era mais "econômico" do que a gente e pedia sempre um prato-feito. No PF não vinha camarão, então eu compartilhava a minha generosa porção com ele. Depois do almoço, sempre tinha que ter uma soneca. Nem imagino por quê.

A animosidade da nossa amiga com o camarão rendeu outra boa história. Quer dizer, eu não estou na parte afetada, então para mim é uma boa história, mas para ela rendeu uma intoxicação alimentar.

Estávamos na Ilha dos Lençóis, uma ilha cheia de dunas no litoral do Maranhão. Lá havia várias aldeias de pescadores e quando chegamos pedimos para ficar na casa de um dos moradores locais. Eles nos receberam muito bem e combinamos um preço para que pudéssemos também fazer as refeições com eles.

Haviam nos informado, antes de sairmos do continente, que não existiam comércios na ilha. O costume de ir para lá a turismo era comer com os moradores e levar alguma comida junto. Estávamos em cinco meninas e levamos um pacote gigantesco de bolacha de água e sal e duas latas de leite condensado. Vejam só!

A alimentação da família com a qual nos hospedamos era basicamente de frutos do mar. No primeiro almoço, foi servido arroz e camarão seco. Eu, particularmente, adorei, mas minha amiga, que comeu porque estava com muita fome, não ficou feliz. Foram dois dias de perrengue para ela.

Como estava passando mal, ela ficou na casa e nós fomos explorar. A gente era solidária, mas não tanto, afinal, era verão. Quando voltamos, a encontramos agarrada num pacote de pão. Temos até fotos dela se deliciando com pão francês.

Ela nos contou que havia perguntado por lá e descobriu que tinha um padeiro na ilha e que ele fazia pão duas vezes na semana. Por sorte, aquele era o dia do pão. Além do pão, ela ganhou uma meia hora de conversa com o padeiro que estava muito interessado naquelas meninas lá do outro lado do Brasil, que trabalhavam o ano todo, guardavam um dinheirinho e iam visitar os Lençóis. Assim, o mundo até era pequeno.

Nessa viagem eu conheci um rapaz. Um jovem universitário como a gente que nos ajudou a sair de uma enrascada em Alcântara. Como essa ajuda foi para mim, conversa vai, conversa vem, acabamos nos envolvendo e durante todo o tempo que passamos em São Luís ele estava conosco. Antes de ir embora, ele nos convidou para visitar a casa dele. Eu aceitei e fiz as outras gurias aceitarem também, lógico.

A brincadeira – sempre tinha uma brincadeira – era que aquele seria o meu noivado. Na casa dele, conhecemos a sua mãe. Uma senhora muito gentil, que nos ofereceu uma *mousse* de uma fruta da região. Eu acho que era bacuri, mas não quero mentir. Eu, que estava bem próxima da mãe do rapaz, comi todo o meu pratinho e elogiei. Eu sempre fui uma *lady*, não é mesmo? Quando fomos embora é que as outras me contaram as artimanhas que tiveram que fazer para dar fim no doce, sem realmente comer. O paladar gaúcho não era lá essas coisas.

Quando fomos para Alcântara, queríamos experimentar um doce que tínhamos visto numa revista. Eu acho que era um doce de coco. Procuramos onde vendia, compramos e nos sentamos na praça para comer. Atravessar o Brasil para comer um doce que a gente viu numa revista. Éramos mesmo privilegiadas. Não posso dizer agora o sabor dele. Procurei no Google e encontrei: doce de espécie. É bonito. Não consigo me lembrar dele na minha mão, nem do sabor. Que coisa!

Também muito saborosa é a lembrança das bananas verdes que uma menina e seu irmão vendiam na beira do rio das Preguiças, em Barreirinhas, também no Maranhão. Nunca imaginei que seria possível comer bananas com a casca verdinha. Mas a menina nos explicou que elas eram amadurecidas no calor. Todas nós ficamos impressionadas e compramos algumas. Lembro-me do sabor, do rosto das crianças e talvez até da brisa na beira do rio.

Acho que cada uma de nós teve intoxicação alimentar pelo menos uma vez nessas viagens. Uma pizza de atum botou uma de minhas companheiras no hospital na Bahia. Fiquei assustada. Levei à emergência de um hospital público, minha amiga quase desfalecida. Não pude entrar para acompanhar. Umas três horas depois, sem nenhuma notícia, eu estava quase achando que teria que ligar para mãe dela. Quando me chamaram, entrei na sala louca de preocupação: minha amiga está numa maca sendo paparicada por nada mais nada menos que três jovens estudantes de medicina. Assim, até eu teria escolhido pizza de atum. Saímos do hospital e fomos convalescer na Ilha de Itaparica, onde ela me fez tomar suco de mamão com leite. Não desejo esse sabor para ninguém.

Quando estava viajando pela Bolívia e Peru com um amigo, também experimentei muita coisa diferente. Principalmente porque ele era adepto de comer na rua ou em mercados. Nas cidades bolivianas, lá pelos idos de 1999, assim que anoitecia, apareciam diversos "restaurantes" pelas ruas. Eles tinham carrinhos e mesas e cadeiras. Impressionante. No início eu estava temerosa em comer na rua. Então, ele me fez ver a razão com uma simples pergunta: Como tu podes ter certeza de que a cozinha deste ou daquele restaurante é limpa? No dia anterior, tínhamos ido a um restaurante e eu pedi lomo *montado*, que pensei que seria um bife com ovo frito em cima. Era, mas não bem do jeito que eu imaginava. Veio servido numa panelinha que parecia uma parte de uma marmita. Aquelas que a gente colocava uma em cima da outra e prendia num cabo. Presumi que o conjunto teria cinco panelinhas. Pois bem, eu acho que me serviram lomo afogado, não montado. Havia arroz, batata frita, bife e ovo, mas estava tudo mergulhado numa sopa. Comi. Não tinha gosto ruim, mas o aspecto era assustador.

Depois disso, eu seguia meu amigo em todas as escolhas culinárias. Até comer caldo de cabeça de ovelha no mercado público de Santa Cruz de la Sierra, na Bolívia, ou uma *salteña* com um ovo inteiro dentro ou uma sopa de pimenta que me fez lacrimejar o tempo todo. Era forte, mas muito gostoso. No dia seguinte, eu quis aquela sopa de novo.

Dessa viagem, me lembro também de beber chá de coca ou mascar a folha. Diziam que ajudava na respiração, porque a gente sofria com a altitude. Eu não vi diferença, apenas uma boca dormente quando mascava a folha. Quando chegamos a Machu Picchu, no Peru, eu estava com piriri. Não sabia o que fazer para parar a diarreia. Lembrei-me do soro caseiro que a gente aprendia a fazer no Brasil. Meu amigo francês não tinha ideia do que era. Comprei uma garrafa de água mineral, pedi um pouco de sal e açúcar num restaurante. A questão é que o açúcar era demerara e o soro ficou com cara de água suja. De todo jeito, funcionou.

Na minha viagem pela Europa, comi muita comida boa. Na Espanha, experimentei falafel e *tapas* nos bares, uns pequenos sanduíches abertos que a gente vai comendo e guardando os palitos para pagar no final. Também experimentei *jamón* regado a azeite de oliva, grandes peças de presunto penduradas sobre os balcões dos bares. Para mim, que nunca tinha visto presunto fora de uma bandeja de isopor enrolada em plástico filme, foi uma grande experiência.

Na França, a comida era fenomenal, principalmente porque grande parte dela era caseira. Meu amigo cozinhava como um Deus. Experimentei tudo o que ele me ofereceu. Sim, comi *foie gras*, caso vocês estejam se perguntando. Não me lembro se gostei, pode? Experimentamos também a cozinha de outros países em Paris e me lembro especialmente do cuscuz marroquino. Essa memória ainda me dá água na boca depois de tantos anos. Voltei dessa viagem com uns bons quilos a mais, principalmente porque, enquanto dirigíamos pelo país, sempre tínhamos uma caixa cheia de queijos e salames. Delícia.

Além de toda essa comida internacional, também me lembro dos cafés da tarde na cozinha da minha infância. Uma memória que acalenta. No meio da tarde, meu pai pedia o café. Café preto, pão caseiro, margarina em tablete ou nata, às vezes, e salame frito. Ou então o "carreteirinho" simples que minha mãe fazia e eu sempre pedia para comer quando voltava de viagem. Ela fazia numa "panelinha" porque ficaria mais gostoso. Comida simples, lembranças de afeto. Melhor que isso, só a cozinheira de mão cheia de Cururupu, no Maranhão. Mas essa precisa de um capítulo à parte.

Cozinheira de mão cheia

Será que sabemos como uma outra pessoa é exatamente? Será que aquela imagem que a pessoa projeta para o mundo é tudo o que ela pode ser? Será que a gente sempre consegue ler adequadamente a imagem de outra pessoa?

Essas são perguntas difíceis de responder. Eu mesma acho que com o tempo podemos conhecer muito bem alguém, mas tenho minhas dúvidas se enxergamos tudo de uma pessoa. Acho que não sei tudo de mim e continuo me surpreendendo com as versões de mim que os outros dizem conhecer.

Pois um dia fomos parar em Cururupu, no Maranhão, no nosso caminho para a Ilha dos Lençóis. Era um final de tarde de domingo e precisávamos procurar um lugar para dormir. Indicaram uma pousada na praça da igreja, mas teríamos que esperar a encarregada do local voltar da missa.

Um tempo depois, chegou uma senhora de meia-idade, vestida muito recatadamente, com um cabelo grisalho preso num coque. Ela abriu a pousada para nós. A pousada era um casarão muito bem cuidado, com grandes quartos e um preço acessível. E a estadia ainda vinha com café da manhã.

Estávamos com muita fome e perguntamos se não havia um lugar onde poderíamos comprar algo para comer. Aparentemente, não havia restaurantes na cidade. A senhora se ofereceu para nos levar até uma padaria. Uma das meninas e eu resolvemos seguir a dona até a padaria. Andamos por um tempo nas ruas de chão batido. Enquanto andávamos, as luzes dos postes ora estavam apagadas, ora acesas, ora piscavam. Andávamos atrás da senhora e pensei, olhando para ela, e comentei com a minha amiga: "Essa senhora deve ser uma cozinheira de mão cheia".

Chegamos na padaria e não tinha mais pão. Não era uma padaria como as do Sul, cheia de pães, bolos, cucas, biscoitos e os mais variados doces. Não, essa padaria só vendia pão, que não tinha, e um biscoito seco com o formato de uma pequena concha, que, para nossa sorte, ainda tinha. Compramos um saco bem grande e voltamos.

Dividimos as "ostras", o apelido que demos aos biscoitos, e enganamos o estômago pensando no café preparado pelas mãos da senhora que eu alegava ser "uma cozinheira de mão cheia". No dia seguinte, acordamos cedo, porque tínhamos que seguir viagem, arrumamos as coisas e descemos para o salão para tomar café da manhã. Havia uma mesa grande, com vários lugares já arrumados com xícaras e talheres. No centro da mesa, um grande bule de café que já nos assaltava com o seu aroma e um prato coberto com um pano bordado.

Sentamos à mesa e ninguém tinha a coragem de levantar o pano para saber o que tinha debaixo dele. Olhávamos uma para a outra desconfiadas, mas sem querer acabar com a esperança do café da manhã que sonhávamos. Alguém em algum momento deve ter levantado o pano e nos deparamos com um belo prato cheio de... ostras.

A risada foi intensa e, até hoje, sou zoada por causa da minha definição de cozinheira de mão cheia. Em minha defesa, eu ainda acredito que aquela senhora era uma cozinheira de mão cheia, só que não para nós, porque, talvez, a gente não merecesse essa versão dela.

Mulheres pelo mundo

Minhas amigas e eu já viajamos muito. O Brasil ficou pequeno para nós. Viajávamos de avião, de ônibus, pau-de-arara, carona, de jangada, a pé. Íamos de cidade em cidade e procurávamos conhecer os lugares mais tradicionais, fugindo dos turistas. Não nos considerávamos turistas, mas desbravadoras.

A questão não é tanto se alguém já conhece esse lugar, mas como nós o olhamos e o descobrimos. Em casa, assinávamos revistas de viagens e passávamos o ano lendo e descobrindo lugares para visitar. Quando chegávamos lá, queríamos saber do lugar pela boca dos nativos, das pessoas que chamavam aquele lugar de lar.

Por isso, procurávamos acomodações familiares, dificilmente hotéis e poucas vezes albergues. Nosso lugar eram as pequenas pousadas. Teve um dia, no interior do Maranhão, em que encontramos hospedagem numa pequena casa. Viajamos de pau-de-arara até chegarmos à cidade de Rio Novo. Os outros turistas foram para uma pousada e fomos chamadas por algumas crianças que nos levaram para uma casa. O quarto era muito simples, mas tinha camas para todas. Na casa moravam várias mulheres. À noite, quando fomos para um arrasta-pé, os outros turistas nos perguntaram onde estávamos ficando já que não nos viram na pousada. Contamos e eles disseram que lá era uma casa de "mulheres da vida".

Para nós, não era problema, desde que não fôssemos incomodadas – e realmente não fomos. Além de termos nos divertido muito. Ficamos lá umas três noites. Não havia um espaço de banho e para nos lavar tínhamos que ir para o fundo do pátio tomar banho de mangueira. Uma coisa inimaginável para quem mora no sul do Brasil, mas para eles estava tudo certo. Nosso banho, então, era de biquíni, no fundo do quintal com a audiência de todas as crianças da vizinhança penduradas na cerca.

Nas capitais sempre pedíamos pouso em casas de estudante. Ficávamos em quartos desocupados ou no chão de algum estudante caridoso. Fizemos muitos amigos e sempre tivemos boas histórias.

Mas é difícil ser mulher neste país sem ter passado pelo menos por uma situação constrangedora e problemática. Nessas viagens, todas tínhamos o nosso quinhão de namorados. Num desses verões, eu estava namorando um jovem músico de longos cabelos cacheados, uma voz linda e um sorriso deslumbrante. Fizemos passeios, fomos a *shows*. Não consigo me lembrar do nome dele agora, mas me lembro muito bem do que aconteceu.

Estávamos muito interessados um no outro e num final de noite fomos a um motel. Eu sempre fui aberta em relação a sexo, todas nós éramos, mas naquela noite aconteceu uma coisa que eu nunca esperei e não soube como lidar. Sempre levava preservativos comigo e só fazia sexo seguro.

Como disse, estávamos envolvidos e as coisas começaram a esquentar. Eu pedia o preservativo, mas ele dizia que logo ia colocar e continuava me envolvendo. A situação foi ficando difícil e eu não sabia como sair dela. No final, ele não usou preservativo e me olhou com uma cara de anjo e pediu desculpas, dizendo que não pôde se conter. Do jeito que ele falou, era para ser um elogio à minha "maravilhosidade". Você é tão *sexy* que eu não consegui nem colocar a camisinha. No final, a culpa ainda foi minha.

Eu me sentia muito mal, mas não consegui verbalizar o meu desconforto com as palavras necessárias para que ele saísse do seu torpor sexual e percebesse que eu não havia gostado. Voltei para o alojamento totalmente enojada e muito incomodada. Contei para as minhas amigas e disse que nunca mais queria vê-lo. Lógico que elas me protegeram e me ajudaram a desviar dele pelo resto do verão.

Ele me procurou algumas vezes e, para todos, eu estava sendo esnobe e idiota e tudo mais. Não consegui falar com ele e não deixei que minhas amigas falassem sobre isso. Sentia muita vergonha, fraca por ter permitido que chegasse onde chegou, culpada por não conseguir falar nada.

Hoje posso racionalizar essa memória e compreender que foi um abuso. Na época, não consegui entender como aquele jovem lindo, quase anjo, se transformou numa pessoa asquerosa pra mim.

Assumi aquela culpa e carreguei por alguns anos esse sentimento de assombro daquele dia. Muitas pessoas diriam que não foi um abuso porque foi feito com sorrisos e paixão. Acho que esse homem, antes um jovem, pensou a mesma coisa.

Fomos para muitos lugares e passamos por muitas situações estranhas. Fomos corajosas e realmente desbravadoras. Aquele incidente não me estragou para o mundo ou para o sexo. De certa forma, carrego um pouco a culpa de ter superado a situação tão bem. Se foi fácil deixar para trás, então talvez nem tenha sido um abuso?

Penso que a nossa irmandade nos fez fortes. Minhas memórias dessa década de viagens são cheias de sorrisos e deslumbramento. Ter viajado com essas meninas-mulheres maravilhosas me ajudou a constituir esse eu que hoje lembra.

Uma história de meias

Hoje estava um frio danado no início da manhã. Nesses dias, vestir-se é quase uma arte. Precisamos ter um equilíbrio nas roupas que vestimos para que fiquemos quentes, sem nos sentirmos amarrados. Pelo menos eu preciso disso. Então procurei por um par de meias três quartos de algodão que tenho há muito tempo e que ajuda muito a me manter aquecida.

Comprei essas meias quando estava me preparando para viajar para a Europa em 1997. Não me lembro mais da marca, mas sei que são de qualidade, caso contrário, não teriam durado tanto tempo. Olho para elas e quase posso lembrar de estar vestindo-as na parte de trás de um carro, no meio de um monte de bagunça de roupas e cobertores. Não guardo essas meias em homenagem àquela viagem. As meias só foram ficando, resistindo sem que eu nem me desse conta. Hoje, elas evocaram essas lembranças, outras vezes foram só meias sem pretensão nenhuma de resistir ao tempo. Quem diria.

Ainda me surpreendo com a coragem daquela jovem que um dia escolheu meias para viajar para o outro lado do mundo sozinha. No dia 31 de dezembro de 1997, embarquei num voo com destino a Madri com alguns dólares, um cartão de crédito internacional e a esperança de que um amigo francês fosse me buscar no aeroporto, numa combinação feita por meio de cartas em que eu escrevia em português e ele respondia em francês. Nem por um segundo eu duvidei.

Saí da alfândega e olhei para o salão à minha frente. Encostado numa pilastra, lá estava ele, com um sorriso maroto no rosto e os cachos loiros de que eu me lembrava.

Viajamos por 45 dias entre a França e a Espanha num Renault Trafic adaptado com um colchão. Dormíamos principalmente em *campings* ou na casa de amigos. Não tínhamos um trajeto definido, íamos atrás dos nossos desejos. "Quero conhecer este lugar", eu dizia. "Quero te mostrar este lugar", ele sugeria. Assim fomos, e quando chegou a hora de voltar para casa, voltamos para Madri e eu embarquei de volta.

Um dia, visitando o Castelo de Chambord, onde fica uma maravilhosa escada dupla hélice projetada por Leonardo da Vinci, meu amigo bateu no chão com a bota, nos anunciando bem alto, como se estivéssemos entrando num baile da época da renascença. Assim, descemos até o final da escada como se fôssemos da realeza.

Jantei em um restaurante no lugar exato onde Van Gogh pintou *Terraço do café na Praça do Fórum, Arles, à noite*. Foi como andar na pintura, se é que é possível imaginar essa sensação.

Caminhei por uma ponte romana e fiquei admirando as pedras carregadas há séculos por pessoas comuns. Eu também, uma pessoa comum, agora caminhava por elas mais de mil anos depois.

Viajamos por uma estrada sinuosa que ladeava um rio garganta abaixo, o Gorges du Tarn. Acampamos na beira do rio para ver as estrelas. Passamos por lindos vilarejos de pedra, castelos e cidadelas.

Encontramos as portas fechadas do Jardim de Monet, em Giverny. Era fechado no inverno, mas eu precisava de uma foto para minha melhor amiga. Tenho uma foto em frente à porta fechada para comprovar.

Andei pela cidade medieval de Carcassonne e também na praça de Saint-Malo onde foi gravado o filme *Prenda-me se for capaz*. Revi-o várias vezes depois para poder dizer para as pessoas: eu estive ali.

Visitamos amigos em diversas cidades. Amigos meus que moravam na Espanha, amigos dele que moravam na França.

Entrei em todos os principais museus da Espanha e da França. Estava impressionada com todos eles, mas foi no Museu do Prado, em Madri, que eu tive uma conexão. Havia um quadro de uma jovem princesa da família real espanhola: Carlota Joaquina. Fiquei um tempo olhando para aquela menina que depois se tornou imperatriz do Brasil. Era só uma criança, vestida de princesa.

Em nenhum momento esperei encontrar alguma coisa que me aproximasse daquele velho mundo. As distâncias em 1998 eram, muitas vezes, intransponíveis. Hoje, enquanto escrevo este texto, encontro na internet a imagem do quadro que vi naquele dia, há mais de vinte anos. Com poucos cliques, posso chegar quase lá. Acesso o site do museu e vejo que o quadro está em exposição, talvez na mesma sala na qual eu passei.

Hoje, as distâncias parecem menores, porque podemos estar virtualmente em todos os lugares que quisermos, mas elas são as mesmas, pois o mundo não encolheu. Nossas percepções se transformaram. Todo o tempo que andei por aqueles palácios, igrejas, ruas, cidades ou florestas pensei em como seria se tivesse visto aquele lugar em um outro tempo. Hoje, sei que se me fosse dada a oportunidade de caminhar novamente pelos mesmos lugares, já os veria de outra maneira.

Também penso em como eu seria, que tipo de percepção do mundo teria se não tivesse tido essas experiências. Eu poderia ser qualquer outra, o tempo todo eu poderia ter sido outra, e isso, de certa forma, pode ser assustador.

Larguei tudo e fui pra Bahia

Um dia eu fiz isso mesmo, fui pra Bahia. Não larguei tudo, porque tinha um emprego público e pedi uma licença. Então, podia voltar tranquilamente a qualquer momento. Era uma aventura, só que de paraquedas.

Fui para lá com a intenção de procurar um mestrado na Universidade Federal da Bahia (UFBA), mas, na verdade, vendi pão integral, dei aulas meia-boca de português para estrangeiros, conheci meu marido e fiquei grávida. Para quem pensava que tinha largado tudo, eu até que me agarrei em muita coisa.

Eu achava que não tinha nada que pudesse me prender nesta cidade do interior do Rio Grande do Sul. E não tinha mesmo, tanto que fui morar em Salvador sem piscar duas vezes. De novo, é um tanto exagerado. Pisquei por mais de um ano, pensando em possibilidades e economizando dinheiro antes de decidir ir de verdade. Carrego na minha história muitos privilégios e um deles foi ter conseguido um emprego público aos 18 anos. Isso me deu estabilidade para experimentar a vida sem medo.

Essa minha aventura em Salvador começou no verão, lógico. No início de janeiro, aportei em Porto da Barra, na casa de um casal de amigos que me acolheu. Tinha um apartamento para a temporada, e uma amiga que veio ficar comigo enquanto durasse o verão.

Outra amiga querida me disse: "Você pode fazer tudo, só não fica grávida, nem casa". Fui uma terrível decepção para as minhas amigas aventureiras. Cheguei no início de janeiro, conheci o Dennis, fiquei grávida na Páscoa e no Dia das Mães já estava noiva. Vocês podem imaginar que com o Dennis morando em São Paulo, a gente vivia de feriados. Em agosto já estava de volta a Novo Hamburgo; em outubro, o Dennis já estava morando comigo; em dezembro, já era mãe.

Vejam que essa escapada para a Bahia transformou minha vida. Quando voltei, não era mais sozinha. Tinha muita companhia para olhar pro futuro.

Já dá para entender que não consegui nenhum emprego de professora, nem me inscrevi em nenhum mestrado, mas fiz um curso bem intenso de sobrevivência. Viver sozinha, organizar a casa e conhecer novas pessoas foi muito desafiador.

Dividi apartamento com mais duas amigas, me associei a uma delas para fazer pão integral e vender, aproveitei muito a praia, conheci novas pessoas, encontrei o primeiro pedaço da minha família. Foi um tempo de felicidade e cheinho de boas lembranças.

A mais interessante delas foi durante o Carnaval. Dennis e eu já estávamos namorando e ele não foi para Salvador nessa época. As meninas com quem eu morava e seus amigos me levaram para a Barra para assistir aos trios e me divertir. Inventei um monte de roupas legais. Fiz dois sutiãs com apliques de flores e um *short* bem curtinho. Dançava a noite toda. Foi especial.

Especial também foi a reação do Dennis com a coisa toda. Ele ligou algumas vezes durante o feriado, mas nunca deixou a entender que estava chateado ou com ciúmes. A gente só *era* desde o primeiro momento que nos vimos. A gente *era* e ponto.

Sempre que visitávamos Salvador, as meninas e eu tentávamos participar da noite da Beleza Negra do Ilê Aiyê. Naquele ano não foi diferente e, desta vez, o Dennis estava na cidade. Foi uma festa linda! O *show* foi do Cidade Negra, além do próprio Ilê. Tomei todas e dancei como se fosse uma das belezas negras. Quer dizer, vocês sabem como são as pessoas bêbadas, elas fazem as coisas mais estapafúrdias. Só tenho que agradecer ao Dennis e aos meninos que estavam ao meu redor, que não deixaram que eu fosse longe demais na pantomima.

Naquele baile, tive certeza que nosso amor era para sempre, porque o Dennis levou tudo na esportiva e até me incentivou na dança. Foi uma indulgência, eu sei, porque não danço nada, muito menos afro, mas foi uma indulgência amorosa.

Depois dessa temporada, não fui muitas vezes mais a Salvador, porque minha vida foi para outro lado, mas guardo com carinho meus tempos de independência.

LINHA DO TEMPO

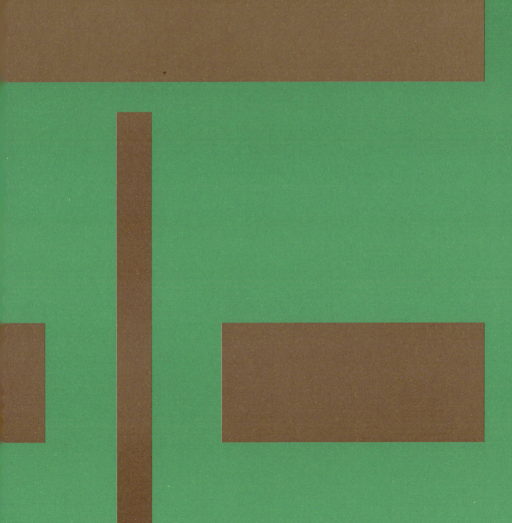

29.01.1972

Nasce em Novo Hamburgo, no Rio Grande do Sul, e recebe o nome de Joice Maria Lamb.

1979

Primeira viagem em família para Cidreira (RS).

10.1976

Aos 4 anos de idade, com seu primo em um casamento da família.

141

Ainda em 1979, aprende a ler na cartilha *Davi, meu amiguinho*, com a professora Marli, na Escola Affonso Penna.

Vence o concurso de mais bela prenda da escola. Na foto abaixo, Julieta (mãe), Rudi (pai), Valnei (irmão), o colega Sandro e sua mãe e Joice.

A amiga Andrea e Joice em um Carnaval.

1980

Recordação escolar.

1981

Nas fotos acima, Joice com seu ratinho de estimação e com seu pai.

1982

Joice, sua mãe e dona Eva.

1983

Boletim escolar do Colégio Pasqualini, onde estudou até 1987.

1983-1990

Aprende a jogar handebol na escola e ingressa na equipe. Conquista títulos gaúchos e nacionais nas categorias mirim, infantil e juvenil com o time.

1991

Ingressa na rede pública com o cargo de professora concursada na cidade de Novo Hamburgo.

1995

Joice e seus alunos.

NA PRIMEIRA FILEIRA, JOICE É A SEXTA, DA ESQUERDA PARA A DIREITA.

1990

Forma-se no magistério no Colégio Santa Catarina, em Novo Hamburgo.

1996

Projeto de cartas entre escolas. Alunos, Joice e sua colega Andrea Zimmer.

FOTO PARA PROMOÇÃO DOS LIVROS DIVULGADA NO JORNAL.

1996-1997

Edita, com seus alunos, dois livros de textos e poemas, intitulados *Artes da palavra* e *Nas margens da poesia*.

14.12.1996

Recebe seu primeiro prêmio da área, o Eugênio Nelson Ritzel, oferecido pela Câmara Júnior de Novo Hamburgo pelo trabalho com a Educação.

01.1997

Joice e amigas em algumas de suas viagens Brasil afora.

EM SÃO LUÍS, NO MARANHÃO.

EM LENÇÓIS MARANHENSES, NO MARANHÃO.

1997-2000

Torna-se membro do Conselho Municipal de Educação de Novo Hamburgo, representando o sindicato dos funcionários municipais.

1998

Viaja pela Europa.

EM SAINT-MALO, NA FRANÇA.

11.1998

Morre seu pai.

12.1998

Forma-se na Faculdade de Letras, na Universidade do Vale do Rio dos Sinos (Unisinos) – RS.

01.1999

Viaja para a Bolívia e para o Peru.

EM BARCELONA, NA ESPANHA.

12.1999

Na exposição de Lanussi Pasquale na Universidade Feevale do Rio Grande do Sul. Na foto, Miria, Lanussi e Joice.

2000

Vai morar em Salvador, na Bahia, e conhece seu marido, Dennis.

26.12.2000

Nasce Vinícius, seu primeiro filho.

2003

Na biblioteca da escola EMEF Presidente Affonso Penna, produz festival de cinema com os alunos. São feitos quatro filmes baseados na literatura clássica: *A ilíada*, *A odisseia*, *Deuses gregos* e *Eros e Psiquê*.

4.08.2005

Nasce Dylan, seu segundo filho.

2005-2008

Assume a direção da EMEF Presidente Affonso Penna, onde estudou quando criança.

2008-2012

Escreve crônicas para a contracapa do jornal comunitário *Folha Martin Pilger* e depois para o jornal *Fala Kephas*, ambos resultados do projeto Nosso Bairro em Pauta, da Universidade Feevale do Rio Grande do Sul.

11.11.2009

Nasce Tyler, seu terceiro filho.

2012

Assume a coordenação pedagógica na EMEF Prof.ª Adolfina J. M. Diefenthäler – Novo Hamburgo.

08.2017

É selecionada entre os cinquenta finalistas do Prêmio Educador Nota 10.

2017

Começa a escrever textos para o blogue Gestão Escolar da revista *Nova Escola* e a colaborar para diversas reportagens da revista como entrevistada ou consultora.

2019

Vence o Prêmio Educador Nota 10 e é eleita Educadora do Ano, com o projeto #aprenderecompartilhar.

2019-2020

Participa de diversos programas de TV para divulgar o Prêmio Educador Nota 10 e o projeto #aprenderecompartilhar.

JOICE NO PRÊMIO EDUCADOR NOTA 10.

2020

JOICE EM DIVERSOS PROGRAMAS TELEVISIVOS.

Inicia perfil pessoal em diversas mídias sociais para divulgar o projeto #aprenderecompartilhar e o ideal de escolas públicas democráticas e inclusivas (@joicelamb).

Este livro foi impresso em 2021 e composto pelas fontes Literata e Igual e por papel Pólen Soft 80 g/m².